SAUVEZ
VOTRE PLANÈTE!

**DES IDÉES SIMPLES
À METTRE EN PRATIQUE
CHAQUE JOUR**

Conception graphique et illustration de la couverture: Violette Vaillancourt
Conception graphique de la maquette intérieure: Alain Pouliot

DISTRIBUTEURS EXCLUSIFS:

- Pour le Canada et les États-Unis:
  LES MESSAGERIES ADP*
  955, rue Amherst, Montréal H2L 3K4
  Tél.: (514) 523-1182
  Télécopieur: (514) 521-4434
  * Filiale de Sogides Ltée

- Pour la Belgique et le Luxembourg:
  PRESSES DE BELGIQUE
  96, rue Gray, 1040 Bruxelles
  Tél.: (32-2) 640-5881
  Télécopieur: (32-2) 647-0237

- Pour la Suisse:
  TRANSAT S.A.
  Route du Grand-Lancy, 2, C.P. 125, 1211 Genève 26
  Tél.: (41-22) 42-77-40
  Télécopieur: (41-22) 43-46-46

- Pour la France et les autres pays:
  INTER FORUM
  13, rue de la Glacière, 75624 Paris Cédex 13
  Tél.: (33.1) 43.37.11.80
  Télécopieur: (33.1) 43.31.88.15
  Télex: 250055 Forum Paris

MARJORIE LAMB

SAUVEZ
VOTRE PLANÈTE!

DES IDÉES SIMPLES
À METTRE EN PRATIQUE
CHAQUE JOUR

**Traduit de l'anglais
par Marie Perron**

 LES ÉDITIONS DE
L'HOMME

Données de catalogage avant publication (Canada)

Lamb, Marjorie, 1949-

   Sauvez votre planète

   Traduction de: 2 minutes a day for a greener planet.
   Comprend un index.

   ISBN 2-7619-0936-4

   1. Environnement — Protection — Participation des citoyens.
I. Titre.

TD170.2.L3514 1991   363.7'06   C91-096148-4

L'ouvrage original anglais a été publié par Harper Collins
sous le titre 2 Minutes a Day for a Greener Planet
(ISBN: 0-00-215682-2)

Dépôt légal: 1er trimestre 1991
Bibliothèque nationale du Québec

ISBN 2-7619-0936-4

À Caroline et à Barry,
pour leur soutien indéfectible

REMERCIEMENTS

Je tiens à remercier tous ceux et celles qui m'ont aidée dans la réalisation de ce projet. Je remercie particulièrement:

L'équipe de l'émission radiophonique *Metro Morning*: Ken Wolf, Marieke Meyer, Nancy Boyle et Joe Coté.

Le président de Harper Collins, Stanley Colbert, qui m'a demandé d'écrire un livre. J'ai dit oui sans hésiter et commencé tout de suite à le rédiger.

Mon avocate, Heather Mitchell, qui affronte le monde pour moi et me conseille judicieusement dans tous les domaines, de l'environnement à la garde-robe.

L'éditeur de Harper Collins, David Colbert, qui a été impitoyable dans ses conseils et ses opinions, généreux dans ses encouragements, et qui n'a pas compté ses heures pour que cet ouvrage paraisse plus vite et soit meilleur.

Mon réviseur, Marq de Villiers, dont les commentaires incisifs m'ont gardée dans le droit chemin et m'ont appris à écrire sans points d'exclamation!

Les nombreux spécialistes de l'environnement qui ont assidûment répondu à mes appels et m'ont donné toute l'information nécessaire: Trudy Richards, de Greenpeace; Gudrun Knoessl et Jill Dunkley, du Recycling Council of Ontario; Julia Langer, des Ami(e)s de la Terre; Mary Perlmutter, des Canadian Organic Growers; Gerard Coffey, de Pollution Probe; Don Huff, de Forests for Tomorrow; Ian Kirkham, de la Fédération des naturalistes de l'Ontario; Monte Hummel, Pegi Dover et Alison Wering, du Fonds mondial pour la nature; Linda Varangu, de l'Ontario Waste Exchange; Paul Griss, de la Fédération canadienne de la nature; et Jim Richardson, du Sierra Club.

Les producteurs et l'équipe de l'émission de télévision *Midday* du réseau anglais de Radio-Canada, qui m'ont permis de donner une diffusion nationale à mes conseils: Sophia Hadzepetros, Valerie Pringle et Ralph Benmurgi.

Le personnel de Harper Collins, qui a travaillé jour et nuit, y compris les fins de semaine: Danielle Koch, Kathryn Schroeder, Kevin Hanson, Laura Krakowec, Paulette Burt, Donna Dunlop et la pigiste Melanie Colbert.

Nancy Colbert, qui m'a prodigué son appui et son encouragement, qui m'a fourni beaucoup de renseignements, et dont la bonne humeur a été une source constante d'enchantement.

V. Tony Hauser, pour ma photo.

Ma famille. Vous êtes tous dans ce livre. Sans vous, il n'existerait pas.

INTRODUCTION

Certains jours, il me semble qu'un prophète de malheur est le rédacteur en chef de tous les journaux et de toutes les nouvelles télévisées du pays. On ne peut ouvrir un journal ou un magazine, ni même allumer la télé, sans s'entendre dire que le ciel est en train de nous tomber sur la tête, que la planète court à sa ruine, que l'environnement est si pollué, contaminé, épuisé, surmené et défectueux qu'il nous reste à peine cinq ou dix ans pour tout remettre en ordre.

Certains de ces propos sont justes et sensés. D'autres ont l'air de venir d'une tout autre planète. Nous entendons des expressions telles que «diminution de la couche d'ozone», «effet de serre», «déchets toxiques» et «ressources non renouvelables». Ce sont les gros mots de notre époque. Mais le message ne passe pas, et il semble que nous ne puissions rien faire pour remédier à la situation. Qu'y pouvons-nous s'il y a un trou dans la couche d'ozone au-dessus de l'Antarctique, si le climat de la Terre se réchauffe, si les forêts vierges sont détruites? Nous avons trois brassées de lessive à faire avant d'aller travailler.

Moins de deux minutes suffisent pour mettre en pratique la plupart des conseils de ce livre. Mais ils vous aideront tout au long de votre vie.

Je crois depuis toujours à l'importance de l'impact des actes de chacun de nous sur l'environnement. Par mes articles et mes interventions à la radio et à la télévision, j'ai insisté sur le fait qu'un individu peut, à raison de quelques minutes par jour seulement, aider à sauver notre planète. Au début, je me contentais d'espérer qu'on m'écoute. Je n'étais donc pas préparée à l'avalanche de lettres enthousiastes que j'ai reçues. Combien de fois m'a-t-on fait part de remarques telles que «Voici ce que nous, nous faisons», ou «Prenez bonne note de l'idée suivante, rapide et facile à mettre en pratique». De partout, on m'envoyait des suggestions. Tout le monde reconnaît que l'utilisation que nous faisons du papier et de l'eau, nos habitudes d'hygiène personnelle et la façon dont nous faisons le ménage, nos techniques de jardinage, les comportements que nous adoptons au travail, à l'école et avec nos voitures, toutes ces choses ont une influence sur la planète que nous habitons.

L'environnement, c'est vous et c'est moi.

Si nous nous efforçons de guérir notre planète, les liens que nous renouerons avec elle nous apporteront de grandes joies.

Je fais partie de la génération des *Baby Boomers*, mais mes parents, qui ont connu la Dépression, m'ont transmis les mœurs de leur époque. Nous avons beaucoup à apprendre du passé: remettez à plus tard l'achat de vêtements neufs et réparez plutôt vos vieux habits; cultivez vos propres légumes et faites-en des conserves; utilisez tous les restes de bois, de tissu, de papier ou de métal; achetez moins et réparez davantage; ne gaspillez rien, ne jetez rien.

10

Ce nécessaire sens de l'économie qui m'a été inculqué dès l'enfance, l'Ère de l'Environnement que nous vivons actuellement en a fait une vertu. En vous appliquant à améliorer l'environnement à l'aide des conseils contenus dans ce livre, vous pourriez faire d'une pierre deux coups et réaliser d'importantes économies.

Vous verrez comment prendre soin de la planète peut devenir une habitude. Un jour, vous vous surprendrez à vous rendre au travail à bicyclette, à suspendre votre lessive à la corde plutôt que d'utiliser la sécheuse, ou encore à renoncer aux *TV dinners* outrageusement préemballés, parce que ces décisions seront soudainement devenues à vos yeux autant de pas dans la bonne direction.

J'ai une fille. Avant de devenir mère, je ne croyais pas qu'on puisse autant aimer quelqu'un. Peu après sa naissance, j'entendis de plus en plus souvent les «gros mots» dont je parlais tantôt. De quelle planète hériterait donc ma fille? Je ressentis du remords à l'idée de me préoccuper autant de mon travail et de ma maison tout en négligeant un besoin aussi fondamental pour elle que celui de vivre sur une planète saine, à l'abri du danger.

Mais je ne me voyais pas envoyer ma fille dans une partie isolée du monde, où elle serait à l'abri de toute pollution — si seulement un tel coin existe. Je voulais qu'elle mène une vie «normale». J'ai donc décidé de ne pas attendre que les politiciens et les gens d'affaires se décident à bouger. Il fallait agir tout de suite, ici, à la maison.

De temps à autre, dans ce livre, il sera question de ma fille, de mon partenaire, Barry, de mes parents et d'autres membres de ma famille. Tout ce dont il est question ici concerne notre vie quotidienne. Je m'efforce de suivre mes propres conseils, car nombre d'entre eux proviennent d'expériences personnelles.

Ce livre ne s'adresse pas aux corporations ni aux gouvernements. Il ne s'adresse pas davantage aux pédagogues ni aux environnementalistes.

Il renferme de simples conseils que les gens comme vous et moi peuvent facilement mettre en pratique dans leur vie de tous les jours.

Je n'ai pas à vous décrire l'état pitoyable de notre planète; les prophètes de malheur s'en chargent fort bien. Mais je suis prête à parier que vous trouverez ici l'élan qui vous manquait pour transformer vos comportements et faire en sorte que soit modifiée notre trajectoire, de façon à éviter le désastre. Dorénavant, quand vous entendrez parler de l'environnement, vous vous sentirez mieux parce que vous saurez que vous faites quelque chose.

Nous sommes tous très occupés. Nous n'avons ni le temps ni l'envie de nous confronter à des tâches trop vastes pour nous. Parfois, nous ne trouvons même pas le temps d'adresser une requête à notre député. Mais un peu de réfléxion et très peu d'effort suffisent pour que vous et moi transformions nos habitudes quotidiennes. Presque tous les conseils réunis dans cet ouvrage sont si faciles à mettre en pratique qu'ils deviendront très vite de simples réflexes.

Je souhaite pour ma fille une vie exceptionnelle. Je voudrais qu'elle ait de l'air pur à respirer, de l'eau pure à boire, des aliments sains pour se nourrir, et qu'elle puisse vivre agréablement sur une planète verdoyante. N'est-ce pas ce que nous

11

souhaitons tous pour nos enfants, nos petits-enfants et tous les habitants du monde? Que pourrait-il exister qui soit plus important? Si chacun de nous fait chaque jour sa petite part, tous ensemble nous transformerons la Terre.

M.L.
Toronto, janvier 1990

CHAPITRE PREMIER

SAVOIR ÉCONOMISER L'EAU

T oute forme de vie sur Terre dépend d'une quantité limitée d'eau. Nous réutilisons constamment la même eau, celle dont se servirent nos grands-parents pour fabriquer des briques, celle où Shakespeare s'est lavé les pieds, celle où flotta le berceau de joncs de Moïse, celle que les Romains firent courir dans leurs aqueducs pour subvenir aux besoins des citadins. En réalité, l'eau avec laquelle vous vous êtes brossé les dents ce matin est vieille de plus de quatre milliards d'années. Sachez la respecter.

*L'eau de la Terre est salée dans une proportion de 97 p. 100,
tandis que l'eau douce ne constitue que 3 p. 100 de nos
réserves — et presque toute cette eau douce est gelée:
ce sont les calottes glaciaires. Moins de 1 p. 100 de
toute l'eau de la Terre doit suffire à nos besoins.*

Nous ne pouvons pas plus créer de nouvelle eau que nous ne pouvons créer de nouveaux territoires. Si nous gaspillons l'eau dont nous disposons, nous ne pouvons pas prendre le téléphone et en commander de la fraîche. Mais nos robinets crachent aussitôt que nous le souhaitons une quantité illimitée d'eau et, devant ce fait, nous en sommes venus à croire nos réserves inépuisables.

Nous supposons aussi que l'eau ne coûte rien, ou presque. Mais pour que l'eau potable arrive jusqu'à nos robinets, il y a plusieurs étapes à franchir. Il faut d'abord trouver une source d'eau, construire l'équipement qui la pompera à la surface, puis le pipe-line qui la transportera et les usines de traitement.

Depuis que nous traitons l'eau, des millions de familles connaissent la saveur du chlore. Nous devons élire des hommes politiques qui gèrent les affaires municipales, qui contrôlent la qualité de notre eau et qui se chargent de la paperasse liée à notre consommation d'eau. Après que l'eau est rendue à nos maisons, nous devons installer tuyaux, valves, soupapes et évents, puis un tuyau supplémentaire pour l'eau chaude, et un chauffe-eau.

Quand nous avons de l'eau, qu'en faisons-nous? Nous la faisons passer par nos machines à laver le linge et la vaisselle, par les toilettes et les lavabos; nous l'employons pour arroser nos pelouses remplies de pesticides, pour laver les voitures et les fenêtres, les trottoirs et les rues. Nous érigeons de jolies fontaines qui la projettent dans les airs. Nous nous en servons pour éteindre les incendies, nettoyer les blessures, fabriquer du ciment, produire des matières plastiques, de l'acier et du papier. Nous en arrosons les produits chimiques accidentellement répandus et les chantiers d'industrie. Nous y nettoyons des pinceaux. Nous la buvons.

14

Et si nous installions un compteur à côté du lavabo de la cuisine, qui afficherait des dollars et des cents plutôt que des litres?

Ensuite, nous devons nous débarrasser de l'eau. Tout un autre réseau de drains doit alors transporter l'eau usée et les eaux d'égout. Il nous faut construire des usines d'épuration, nommer du personnel dirigeant et engager des employés. Il faut aussi élire des hommes politiques qui jureront de «faire quelque chose» pour purifier l'eau que nous avons polluée.

Des milliards de dollars sont ainsi dépensés à travers le monde. Pourtant, tandis que nous ouvrons allègrement nos robinets et laissons s'écouler notre plus précieuse ressource, tous les jours, quelque part au monde, des gens souffrent et meurent par manque d'eau potable.

Si nous ne sommes pas en mesure de veiller à une meilleure répartition de l'eau dans le monde, nous pouvons en revanche contribuer à régler d'autres problèmes graves, soit la contamination et le gaspillage. Le présent chapitre s'arrête surtout au gaspillage, car nous aborderons la question de la contamination dans un chapitre subséquent. Néanmoins, ces deux problèmes sont subtilement liés entre eux.

Plus nous devons traiter l'eau, plus elle court le risque de subir une quelconque contamination, parce que nous possédons un seul réseau d'égouts pour tous nos besoins. L'eau à boire, l'eau des toilettes et les eaux contaminées par l'industrie sont déversées dans les mêmes égouts. Nous faisons de notre mieux pour la purifier, puis nous la rejetons dans le même fleuve, le même lac ou le même ruisseau, et nous la buvons une autre fois.

Bien entendu, plus nous avons d'eau à traiter, plus nous avons besoin de chlore (qui n'est pas un produit inoffensif — après tout, c'est un poison) et plus le gouvernement réclame de l'argent pour s'occuper de tout cela. Purifier notre eau n'est donc pas simple.

Oui, il se peut fort bien que nous buvions l'eau du bain de Shakespeare. Mais nos arrière-petits-enfants pourront-ils boire l'eau avec laquelle nous avons lavé le chien? Y aura-t-il encore de l'eau potable pour eux?

Est-il utile que nous économisions l'eau à la maison? La consommation domestique ne représente-t-elle pas une infime fraction de la consommation agricole et industrielle?

15

La consommation domestique d'eau potable totalise 5 à 10 p. 100 de la consommation mondiale. La plus grande part de cette eau est utilisée en Amérique du Nord.

Chacun de nous consomme en moyenne 200 litres d'eau par jour à la maison. Dans certains pays pauvres en eau, on survit quotidiennement avec aussi peu que 15 litres. Nous avons l'habitude de voir l'eau couler des robinets. Que se passerait-il si une soupape automatique limitait notre consommation domestique à, disons, 50 litres d'eau par jour?

Que faire

Ouvrez le robinet le temps de mouiller votre brosse à dents et fermez-le jusqu'au moment de vous rincer la bouche.

Dans ma famille, chacun se brosse les dents pendant une minute et vingt secondes en moyenne. Si on ouvre le robinet au début de cet exercice et qu'on ne le referme pas avant d'en avoir terminé, on a laissé s'écouler environ 8 litres d'eau. Notre petite famille de trois personnes pourrait ainsi gaspiller plus de 15 000 litres d'eau par année seulement en se brossant les dents.

Qu'en est-il chez vous? Combien de temps vous faut-il pour vous brosser les dents? Multipliez votre réponse par le nombre de fois où vous vous brossez les dents chaque jour, puis multipliez ce produit par le nombre de personnes qui habitent sous votre toit. Vous verrez quelle quantité d'eau peut inutilement fuir par le renvoi du lavabo.

Ma sœur Elizabeth, qui a parcouru le monde à bord de voiliers, a appris à se brosser les dents avec 50 ml d'eau. Le commandant, quant à lui, n'utilisait pas d'eau du tout. Sans aller jusque-là, nous pourrions apprendre à utiliser moins d'eau pour nous brosser les dents.

Gardez un bol ou une bassine d'eau à votre portée dans l'évier de la cuisine quand vous y travaillez.

Quand je prépare les repas ou que je fais de la pâtisserie, mes mains deviennent collantes ou graisseuses, ou bien elles ont tout simplement besoin d'un petit rinçage de temps en temps. Si vous épluchez des légumes ou que vous pelez et dénoyautez des fruits ou que vous pétrissez de la pâte, vous devez constamment vous laver les mains, ne serait-ce que pour être en mesure de poursuivre votre travail. Chaque fois que vous ouvrez le robinet, vous gaspillez une quantité importante d'eau.

17

D'habitude, quand j'ai besoin de me laver les mains une première fois, j'ai déjà sali un bol. Je le dépose dans l'évier, je le remplis d'eau, et je le laisse là. Le pain de savon n'est pas loin. Chaque fois qu'il me faut me rincer les mains, je trempe mes doigts dans le bol. Quand j'ai fini mon travail, j'ajoute un peu d'eau chaude et de savon au bol, et j'en profite pour y laver le batteur, les couteaux et les cuillers. J'évite ainsi d'ouvrir et de fermer le robinet, et j'économise l'eau.

En prime, vous avez une cuisine qui roule mieux et plus vite. Mon père dit qu'il peut laver plus de vaisselle à l'aide de moins d'eau que n'importe qui d'autre. Il se vante de pouvoir laver un évier plein de vaisselle dans une tasse d'eau.

Conservez une bouteille d'eau au réfrigérateur.

Dans ma famille, nous buvons de l'eau en bouteille — du robinet. Avez-vous déjà laissé couler l'eau du robinet pendant une bonne minute pour obtenir de l'eau froide? Il y a environ 15 ans, j'ai rempli d'eau une bouteille vide de cola et je l'ai placée au réfrigérateur. Elle s'y trouve toujours. L'eau, bien entendu, n'est plus la même.

La bouteille d'eau a sa propre place au réfrigérateur. On la glisse dans un support suspendu à la tablette (l'emplacement est toujours le même depuis 15 ans, en dépit des déménagements et du changement de réfrigérateur). Ainsi, nous avons toujours de l'eau froide à portée de la main. Si vous décidez d'adopter cette méthode, ne manquez pas d'identifier la bouteille. Il y a plusieurs années, mon père avala une bonne rasade à même la bouteille du frigo, pour se rendre compte qu'il s'agissait de rhum mis à refroidir.

18

Au lieu d'un bain, prenez une douche de cinq minutes.

Oubliez la baignoire et courez sous la douche. Je sais, rien ne saurait remplacer une bonne trempette. Mais votre baignoire contient 40 à 150 litres d'eau, selon vos goûts. Il faudrait vous doucher pendant 15 minutes pour utiliser une quantité équivalente d'eau. Quand nous étions petits, nous prenions notre bain en commun. Nous trouvions cela amusant, mais nous ignorions que nos parents, futés, économisaient ainsi l'eau chaude. Ma fille Caroline prend des bains avec sa cousine Lisa.

*Fermez le robinet de la douche quand vous
vous savonnez les cheveux et le corps.*

Ma sœur Elizabeth, de retour de ses voyages en mer, habite au dernier étage d'une maison où le débit d'eau est souvent restreint si les locataires du dessous prennent une douche. Son instinct de survie lui a fait découvrir le truc suivant pour éviter d'être soudainement ébouillantée ou frigorifiée. Elle se mouille complètement, puis elle ferme le robinet; ensuite elle se savonne le corps avec du savon et les cheveux avec du shampoing; enfin, elle rouvre le robinet pour se rincer. Bien entendu, nous connaissons tous l'autre merveilleux secret pour économiser l'eau: prendre une douche avec sa tendre moitié.

19

Lavez vos mains à l'eau froide.

Si, chaque fois que vous vous lavez les mains, vous ouvrez le robinet et attendez que l'eau soit chaude, vous pourriez gaspiller de quelques tasses à 5 litres d'eau ou plus. Cela présente deux problèmes.

Premièrement, cette eau aura parcouru en vain tout le réseau hydraulique. Elle aura été pompée, au coût de beaucoup d'énergie, d'un lac ou d'une rivière, elle aura été chlorée, elle aura parcouru des kilomètres et des kilomètres de tuyaux, puis elle aura été déversée dans les égouts pour être traitée une fois de plus, sans avoir servi.

Deuxièmement, cette eau aura été chauffée dans votre chauffe-eau, mais elle se sera refroidie avant de vous parvenir. L'énergie qui aura servi à la chauffer — et que vous aurez payée — aura été gaspillée.

Je me lave le visage à l'eau froide tous les matins et tous les soirs. J'essaie de me convaincre que l'eau froide est plus tendre pour ma peau que l'eau chaude, mais, en réalité, aucune étude n'entérine mes dires. Quoi qu'il en soit, Barry, mon compagnon, m'a dit avoir lu quelque part que Paul Newman se trempe le visage dans l'eau glacée pour conserver une apparence juvénile.

Sans doute y a-t-il du vrai dans tout cela. Je trouve stimulant et non masochiste de commencer la journée par une douche froide. Je reconnais avoir converti peu d'adeptes, mais je continue de pratiquer ce rite.

L'eau froide lave-t-elle aussi bien que l'eau chaude? La réponse est oui, sauf exceptions. Si vos mains sont pleines de graisse ou d'huile, l'eau chaude dissoudra les matières grasses plus vite que l'eau froide. Mais, pour ce qui est de la saleté courante en provenance du jardin ou de la cuisine, l'eau froide est tout indiquée.

Et les microbes? Le savon de beauté ordinaire s'en charge. Si vous vouliez vous aseptiser tout à fait, il faudrait vous ébouillanter pendant plusieurs minutes. Merci bien. L'eau froide fera l'affaire.

Remplissez un grand contenant de yogourt ou de fromage
cottage avec de l'eau, et refermez-le. Ensuite,
insérez-le dans le réservoir des toilettes.

Bien entendu, il s'agit de conserver le même niveau d'eau en en utilisant une plus petite quantité. En général, chaque fois que l'on actionne la chasse d'eau d'une cuvette nord-américaine, on utilise de 17 à 20 litres d'eau.

Dans les années soixante, quand nous avons commencé à prendre conscience des questions d'environnement, nous placions des briques dans le réservoir. Cette méthode est toujours employée. La brique déplace le niveau d'eau du réservoir, de sorte que moins d'eau propre est évacuée. Utilisez une brique parfaite et très propre (si possible neuve et sans mortier), ou enveloppez-la dans un sac en plastique. Ainsi, aucune particule ne s'échappera et ne viendra obstruer les toilettes.

Chez nous, nous avons opté pour le contenant de yogourt. Si vous possédez un modèle de toilettes qui ne vous permet pas d'en utiliser un, essayez avec un pot de mayonnaise vide, un contenant de margarine, ou une bouteille de soda à capsule qui visse. Pour ce faire, il vous faudra vraiment deux minutes ou moins.

Vous pourriez aussi vous procurer un régulateur de débit que l'on fixe sur la paroi intérieure du réservoir. Mais en attendant, pourquoi ne pas prendre deux minutes et essayer notre solution maison?

21

Remplissez votre cafetière d'eau la veille, avant d'aller dormir.

Nous avons appris récemment qu'il fallait faire couler l'eau du robinet pendant quelques minutes le matin avant de la boire pour la débarrasser du plomb des soudures qui se serait accumulé pendant la nuit.

Bien sûr, cette précaution n'est pas nécessaire si vous prenez votre douche et que vous vous brossez les dents avant de préparer votre café. L'eau qui vous aura servi à faire votre toilette aura suffi à débarrasser les tuyaux de leur contenu de plomb avant que vous prépariez votre café. Mais si vous êtes le genre de personne à vous tirer du lit pour brancher la cafetière, ayez la prévoyance de remplir la machine à café la veille; ainsi, vous ne perdrez pas une seule goutte de ce liquide précieux qu'est l'eau.

Si vous possédez une cafetière automatique, vous savez déjà combien il est agréable, en se levant le matin, de n'avoir qu'à appuyer sur un bouton parce que l'eau et le café sont déjà dans la machine. Vous pouvez maintenant vous attribuer une médaille: vous avez économisé l'eau en remplissant la cafetière avant d'aller vous coucher.

Placez un seau, ou une bassine, ou un arrosoir, ou même un bol ou une cafetière sous un robinet qui fuit.

Un robinet qui fuit peut vous faire perdre de 25 à 75 litres d'eau par jour. Courir chez le quincaillier pour acheter une rondelle neuve dès que le robinet se met à fuir n'est pas toujours facile. Si j'en crois ma propre expérience, le robinet se met à faire des caprices juste au moment où je me suis mise sur mon trente-six et que je m'apprête à me rendre à un rendez-vous important. Si vous ne pouvez pas réparer immédiatement le robinet, au moins, ne gaspillez pas l'eau.

Avec cette eau, vous pourrez arroser vos plates-bandes ou vos plantes d'intérieur. Lavez-y vos sous-vêtements. Donnez-la à boire au chien. Faites-en du café. Servez-vous-en pour laver le carrelage de la cuisine. Trempez-y les fruits et les légumes. Aspergez-en votre voiture. Ne la laissez pas s'écouler par le renvoi. Et réparez le robinet au plus tôt.

Si vous devez vous absenter quelque temps, fermez la soupape du robinet qui fuit.

Selon un rapport des Nations Unies, les fuites de tuyaux et de robinets occasionnent la perte de la moitié des réserves d'eau du monde. Si vous partez en vacances, ou si vous vous absentez même pour un week-end ou une seule journée, fermez la soupape. Cela ne vous prendra qu'une seconde, et vous aurez l'esprit en paix et la certitude qu'en votre absence la petite fuite ne s'est pas transformée en déluge, et que votre chat n'est pas mort noyé.

22

Chaque fois que vous voulez laver votre voiture,
remettez cette tâche au lendemain.

Nous aimons que nos voitures reluisent de propreté. Et jusqu'à
un certain point, c'est vrai, laver votre voiture peut la faire
durer plus longtemps. Mais jusqu'à un certain point seulement.
Chaque fois que vous lavez votre voiture, ce sont des litres et
des litres d'eau potable que vous utilisez. Combien de fois
lavez-vous votre voiture? Pourriez-vous attendre au lendemain?
Si vous la lavez une fois par semaine, cela totalise 52 lavages
par an. Si vous remettiez chaque fois cette corvée au lendemain, vous ne la laveriez plus qu'à tous les huit jours, soit 46
fois par an. Vous auriez déjà économisé six lavages — et de 250
à 500 litres d'eau.

Une bonne partie de cette eau s'écoule dans la rue sans
jamais toucher la voiture, parce que, souvent, nous déposons le
boyau d'arrosage par terre sans fermer le robinet pendant que
nous frottons la carrosserie. La solution est pourtant simple:
interrompez le débit. Il n'est pas nécessaire de vous procurer un
accessoire spécial pour interrompre le débit d'eau à volonté. Il
suffit de faire un pli ou un nœud dans le boyau. Rappelez-vous
cependant que cette habitude risque à la longue d'endommager
votre boyau d'arrosage.

Servez-vous d'un seau plutôt que d'un boyau
d'arrosage pour laver la voiture.

Dix litres d'eau dans un seau laveront la voiture aussi bien que
le jet d'un boyau, en gaspillant beaucoup moins. Mais au

rinçage, un jet rapide sera plus efficace à tous points de vue que le seul contenu d'un seau.

Le baril d'eau de pluie: une coutume à raviver.

24

Le baril d'eau de pluie — ou sa variante — existe encore dans de nombreux pays. Les Bermudes, qui disposent de très peu d'eau, comptent beaucoup sur l'eau de pluie pour les besoins domestiques. Il n'est pas rare d'y apercevoir des citernes sur les toits des maisons.

Il ne nous est sans doute pas nécessaire d'aller jusque-là, mais avoir une citerne dans sa cour n'est pas une mauvaise idée. Il vous suffit de trouver un vieux baril en bois qui ajoutera une touche pittoresque à votre décor (mais même ce détail n'est pas nécessaire). Une grande poubelle en plastique pourra contenir de 60 à 100 litres d'eau de pluie. Au moment de laver la voiture ou d'arroser les plantes, il vous suffira d'y plonger un seau ou un arrosoir.

Mes parents ont installé un baril d'eau de pluie à côté du garage. On y puise l'eau d'arrosage des plantes suspendues. Inutile de dérouler le boyau! Il suffit de plonger l'arrosoir dans le baril. Je me souviens que ma mère recueillait l'eau de pluie pour en remplir son fer à repasser, évitant ainsi que les minéraux contenus dans l'eau du robinet obstruent son fer. On trouve aujourd'hui sur le marché un produit déminéralisant qui adoucit l'eau dont on se sert pour repasser. Mais si vous recueillez l'eau de pluie dans un baril, c'est là une dépense inutile.

N'oubliez pas: l'eau de votre baril n'a pas été traitée au chlore, au fluor, elle n'a pas non plus été pompée, et elle vous est donnée gratis (en tout cas, pour le moment). En ville, il se peut bien que l'eau de pluie soit remplie de polluants atmosphériques. Mais vos plantes, qui ne verront pas la différence, l'aimeront encore mieux que l'eau chlorée. Quant à votre voiture, elle s'en fichera complètement.

*Ne faites votre lessive que lorsque la machine
peut être remplie à pleine capacité.*

Avez-vous une brassée complète? Triez-vous inutilement votre linge? Est-il vraiment nécessaire que vous laviez les couleurs et le blanc séparément? Et si vous les laviez ensemble en une seule grosse brassée plutôt que séparément en deux petites? C'est ce que je fais constamment, et ma lessive ne s'en porte pas plus mal. En fait, je ne trie ma lessive que lorsque j'en ai suffisamment pour faire deux ou trois brassées le même jour. Bien entendu, si vous devez faire votre lessive dans une buanderie, vous savez quelle économie on peut faire en regroupant deux brassées en une seule.

25

*Si vous devez faire une lessive avant d'avoir assez de linge
pour remplir la cuve, réglez le niveau d'eau
en conséquence.*

Si votre lessiveuse n'est pas munie d'un indicateur de niveau d'eau, vous n'avez qu'à tourner le bouton à la commande LAVAGE quand l'eau a atteint le niveau désiré. N'employez que la quantité nécessaire de savon (lire le chapitre 3 sur l'entretien ménager).

Écoutez les prévisions de la météo avant d'arroser la pelouse. Si vous mettez le gicleur en marche, griffonnez un mémo et placez-le en évidence pour vous rappeler d'arrêter l'arrosage.

Une pelouse est un luxe qu'il nous faudrait sans doute sérieusement songer à remplacer par autre chose. Entre-temps, n'avez-vous jamais vu des gicleurs fonctionner en plein orage? Pourquoi ne pas se contenter de la pluie qui tombe?

26

Sur votre mémo, indiquez l'heure à laquelle il convient d'arrêter les gicleurs: d'autres que vous pourraient s'en charger. Et s'ils ne le font pas, ils pourront au moins vous rappeler qu'il est temps de le faire.

Pour économiser l'eau, pensez à ceci: que feriez vous si vous deviez porter chaque jour sur votre tête, dans des cruches, toute l'eau dont vous auriez besoin?

CHAPITRE 2

SAVOIR ÉCONOMISER LE PAPIER

Chaque fois qu'il m'est arrivé de survoler notre continent, en regardant les forêts qui s'étendent à l'infini, j'ai songé qu'il y avait là assez d'arbres pour que nous n'en manquions jamais.

Mais, bien entendu, c'est faux.

La seule édition du dimanche du *New York Times* requiert 75 000 arbres. Que penser alors des livraisons du lundi, du mardi, du mercredi...? Que penser du *Washington Post*, de la *Tribune* de Chicago, du *Globe and Mail* de Toronto, du *Los Angeles Times* et du *Miami Herald*?

Tout ce papier provient de nos forêts. Les forêts ne s'étendent donc pas à l'infini comme je le pensais. On voudrait néanmoins nous faire croire que chaque arbre abattu est remplacé.

27

Le Canada produit la presque totalité du papier journal utilisé dans le monde. On y abat chaque année 100 000 hectares de forêt de plus qu'on n'en reboise. Aux États-Unis, un acre de forêt est perdu toutes les cinq secondes.

Mon administration locale a admis que seulement 26,5 p. 100 d'une forêt située aux environs d'une zone que les environnementalistes tentent de protéger a été reboisée dans les années quatre-vingt. Certaines forêts ne seront jamais reboisées, car une exploitation abusive y a supprimé toute possibilité de régénération. Érosion du sol et inondations s'ensuivent. Les nouveaux arbres ne réussissent pas à s'enraciner. La zone, considérée alors comme perdue, est abandonnée dans un état lamentable.

Mais même le reboisement ne nous redonne pas les forêts que nous avions. Les nouvelles ressemblent plutôt à des colonnes de soldats au garde-à-vous. Il n'y a pas de taillis, pas d'arbres poussant n'importe comment pour gâcher les rangées bien droites qui les composent. Les plantes sauvages ne poussent pas dans les éclaircies entre les rangées. On n'y voit pas d'ours ou de chevreuils. Dans une vieille forêt, de nombreuses espèces d'animaux et de plantes habitent les différents sous-bois. Leur existence dépend de la végétation qui s'y trouve, des buissons, des fleurs, des fougères et des arbrisseaux qui vivent à l'ombre des arbres de haut fût.

28

Si l'effet de serre continue de réchauffer les climats de la Terre, certaines zones reboisées ne pourront pas devenir de vraies forêts. Nombre de repeuplements encore jeunes montrent déjà des signes de fatigue. Il se pourrait que les jeunes pousses ne puissent jamais atteindre leur maturité.

Nous ne saurions rendre nos besoins en papier entièrement responsables de la déforestation. L'agriculture, l'urbanisation, les loisirs et l'industrie s'approprient de généreuses portions de nos forêts. Nous sommes néanmoins de prolifiques consommateurs de papier fort enclins au gaspillage, tant à la maison qu'au bureau.

Environ 40 à 50 p. 100 de nos déchets
sont constitués de papier.

Imaginez un bureau, n'importe lequel. Ces classeurs remplis de correspondance, ces paquets de papier à photocopie (et toutes ces corbeilles pleines de copies ratées), tous ces rapports, toutes ces feuilles de paye, ces chèques, ces demandes d'emploi, ces soumissions, ces lettres, ces enveloppes, tout ce papier pour imprimante, ces feuillets de messages téléphoniques, ces chemises, et tous ces duplicatas, triplicatas et quadruplicatas combles d'information utile et inutile. Multipliez ensuite le papier contenu dans ce bureau par le nombre de bureaux qui se trouvent au même étage de cet édifice, puis multipliez encore ce produit par le nombre d'étages dans l'édifice, puis par le nombre d'édifices de la ville, puis par le nombre de villes du pays, du continent, du monde...

29

Dix-sept arbres sont nécessaires pour produire une tonne de papier. Selon les journaux que vous lisez, vous pourriez détruire un arbre toutes les 10 ou 12 semaines, semaine après semaine après semaine...

Je me demande combien d'arbres chacun de nous pourrait sauver en une année en appliquant certains principes de conservation à la maison et au travail.

Il ne faut pas oublier que la production du papier est sans pitié pour notre réseau hydraulique. Entre autres produits de papier blanc, la papeterie d'affaires, les papiers d'imprimante, les livres, les couches, les fournitures sanitaires, les contenants de lait et les filtres à café sont fabriqués à partir de pulpe de bois blanchie. Les procédés de fabrication contribuent à créer une grande quantité de déchets toxiques, tels les terribles dioxines et les furannes qui vont ensuite contaminer notre eau. Le recyclage n'est pas non plus toujours une bonne solution. Le désencrage, le blanchiment et le traitement du papier usagé entraînent des problèmes similaires.

Près de la moitié des effluents non traités déversés dans nos eaux proviennent de l'industrie de la pulpe et du papier.

Si nul n'est en mesure d'empêcher cela tout seul, l'acquisition de bonnes habitudes de conservation est un atout. En outre, la plupart des techniques de conservation, quelles qu'elles soient, vous feront aussi économiser de l'argent.

Que faire

Notez vos messages téléphoniques et vos listes d'épicerie au verso des circulaires.

30

La plupart d'entre nous gardons un bloc-notes près du téléphone ou dans la cuisine, pour les messages et les listes d'épicerie. Pourquoi acheter des blocs-notes quand il en arrive tous les jours à la porte sans qu'on le demande?

Voici ce que nous faisons à la maison. Depuis une semaine, j'ai reçu trois communications de l'école de ma fille, une circulaire d'une entreprise de recouvrement, deux communiqués du centre communautaire, une annonce d'un courtier en immeubles, une publicité pour une visite des jardins de la ville. Chacun de ces envois avait été imprimé au recto seulement sur du papier de couleur format lettre. À mesure que je les ai reçus, je les ai placés dans une chemise, dans un tiroir de la cuisine. Quand j'en ai eu suffisamment, j'ai coupé les feuilles en quatre, et voilà! J'ai un joli paquet de feuillets colorés pour prendre des notes. Vous pouvez les brocher ensemble ou les laisser tels quels, dans une petite boîte. Quand il n'en reste plus, j'ai d'habitude accumulé assez de circulaires pour en couper d'autres.

Ayez une boîte de papier de rebut près du photocopieur.

Vous travaillez dans un bureau? Y a-t-il une corbeille à papier à côté du photocopieur? Ces centaines de copies ratées, imprimées d'un seul côté, représentent des tonnes de papier. Vous pourriez très certainement dénicher une boîte de carton vide de papier à en-tête, par exemple, ou de papier de format légal. Il suffit d'une minute pour préparer un petit écriteau que vous placerez au-dessus du photocopieur pour inciter vos collègues à réutiliser ce papier au lieu de toujours employer une feuille vierge.

Vous pourriez aussi couper en quatre un petit paquet de ces feuilles «à moitié vierges» et les agrafer ensemble pour prendre des messages ou pour griffonner. En transmettant les messages téléphoniques à leurs destinaires, rappelez-leur que vous faites économiser de l'argent à la compagnie en réutilisant du papier qui encombrerait autrement les décharges publiques.

31

Rédigez votre correspondance personnelle
au verso de feuilles déjà utilisées.

Vous inciterez sans doute ainsi vos correspondants à vous imiter, et qui sait sur quels papiers fascinants vous arriveront leurs réponses. Ma cousine et moi, nous nous sommes adressé à tour de rôle le même Valentin pendant six ans, en y ajoutant à chaque fois un nouveau message.

Depuis que je possède un ordinateur, j'imprime souvent ma correspondance au verso de mes premières versions de manuscrits ou sur des feuilles autrement inutilisables. Si vous n'enlevez pas les perforations, il vous suffira d'insérer le papier dans l'autre sens sous le chariot de l'imprimante pour en imprimer le verso.

Pendant la guerre de Sécession, le papier était rare. Les soldats «tournaient» les lettres reçues pour écrire en travers. Quand les Américains eurent quitté le Viêt-nam, les familles vietnamiennes vendirent leurs vieilles lettres et leurs vieilles factures tant le papier était devenu une denrée précieuse. On n'écrivait jamais au recto de la feuille seulement.

32

Peut-être n'irons-nous jamais aussi loin. Mais l'économie de papier est une vertu. Si nous ne le gaspillons pas, dans cinq ans nous n'aurons pas à nous demander d'où viendra notre prochain arbre.

Ne jetez pas de bonnes enveloppes au panier simplement parce qu'elles portent une mauvaise adresse.

Votre corbeille se remplit-elle d'enveloppes inutilisées? Comme la plupart des gens, je règle mes factures à la banque. Mais les compagnies qui nous envoient leur compte tous les mois ont l'habitude d'inclure une enveloppe préadressée. J'utilise un marqueur noir pour masquer leur adresse, et j'écris l'adresse de mon correspondant au-dessous. Parfois, j'applique simplement un autocollant.

Si ces enveloppes ont un code barres, assurez-vous de bien le cacher, sans quoi vous encourrez les foudres des employés des Postes. Ou pis, votre courrier risquera d'être égaré. Amusez et fascinez vos correspondants en leur adressant vos merveilleuses lettres dans des enveloppes chaque fois différentes.

Vous pourriez aussi réutiliser des enveloppes qui vous ont été adressées. Il suffit de les ouvrir avec soin, d'appliquer une étiquette sur l'ancienne adresse, et de les recoller avec du ruban gommé. Mais n'essayez pas de frauder le service des Postes en réutilisant les timbres! Il a besoin de votre argent!

Réutilisez au moins une fois les cartes de vœux.

Cartes de Noël, cartes d'anniversaire, toutes les cartes de vœux peuvent servir plus d'une fois. Parfois, il suffit de découper de grandes cartes pour en faire de petites. Ou bien, vous enlevez la partie de droite où le message est écrit, et vous vous servez comme d'une étiquette de la partie illustrée en écrivant votre message au recto ou au verso. Ma belle-sœur Marlien y découpe toutes sortes de motifs avec des ciseaux à denteler.

Ma belle-mère nous envoie souvent des cartes non signées, accompagnées d'une lettre. Je ne sais jamais si elle le fait pour ne pas utiliser la carte, ou si elle oublie de la signer, tout simplement. Mais j'apprécie toujours son geste. Bien entendu, les plus jolies cartes sont celles que nous fabriquons nous-mêmes. Il m'arrive souvent de découper des motifs amusants dans les parties non imprimées des dépliants que je reçois dans mon courrier, et de les décorer au stylo feutre, avec des autocollants ou des photographies. Puis, j'ajoute mon message.

Réutilisez les boîtes de cadeaux le plus souvent possible.

Conservez les boîtes de chemises! Un des placards de la maison est en partie réservé à l'entreposage des boîtes vides. Dès qu'un

33

colis nous parvient dans une boîte, nous envoyons la boîte rejoindre les autres dans le placard. Ainsi, quand j'achète un cadeau au magasin et qu'on me demande si je souhaite un emballage cadeau avec une boîte, je réponds: «Non merci, j'en ai déjà une.» Certaines de nos boîtes ont fait le tour de la famille, de la sœur au frère aux parents aux nièces et aux neveux, des douzaines de fois.

34

Servez-vous d'un torchon au lieu d'un essuie-tout.

Imaginez une seconde les montagnes de serviettes et d'essuie-tout en papier que l'on peut trouver dans les supermarchés de chaque ville du pays. Ils ont tous été fabriqués avec des arbres abattus dans nos forêts, puis transportés, puis réduits en pulpe, puis blanchis, puis empaquetés. Toutes ces étapes drainent notre énergie et contribuent à détruire notre environnement. Imaginez maintenant que cette même montagne d'essuie-tout, froissés et imbibés de lait ou de confiture, envahit nos dépotoirs. Parlons-en, du gaspillage!

Voir des gens s'emparer spontanément d'un essuie-tout pour éponger une cuillerée à thé de graisse me révolte. Gardez plutôt un torchon sous l'évier pour ramasser de tels dégâts.

Quand j'étais petite, mon père avait une rengaine qu'il nous répétait une fois la semaine: «Tout ce qui entre dans cette maison, je dois l'en sortir dans un sac à ordures.» Une serviette en papier que l'on utilise puis jette aussitôt, c'est de l'ordure instantanée.

Quand mon torchon à vaisselle est trop dégoûtant pour laver les assiettes, j'en fais une serpillière. Quand la serpillière est elle-même trop sale pour laver le plancher, je l'expédie à la cave ou au garage.

Servez-vous d'un filtre à café permanent
ou réutilisable.

Les filtres permanents, coniques comme le support à filtres en plastique et faits d'un fin treillis métallique, sont disponibles dans les magasins d'articles de cuisine. Vous pourriez aussi fabriquer ou acheter un filtre réutilisable en coton brut.

    Le boni? pas de dioxines dans votre café ou votre compost. Les dioxines qui sont transmises à l'eau dans le cours du blanchiment du papier peuvent aussi être transmises aux produits eux-mêmes. Si vous jetez vos filtres à café en papier sur votre tas de compost, vous risquez de contaminer votre sol avec ces dioxines.

    Si les dioxines ne vous effraient pas, utilisez au moins votre filtre en papier plusieurs fois. Jetez le marc de café sur le compost, laissez le filtre en papier dans son support en plastique et rincez-le.

Remplacez les couches jetables en plastique et en papier par
des couches en tissu. Incitez la garderie ou
la maternelle à faire de même.

Les couches en tissu d'aujourd'hui ne ressemblent en rien aux couches en tissu d'il y a à peine dix ans. Procurez-vous des couches ajustées munies d'attaches en Velcro, et des surcouches en plastique qui maintiennent la couche en place sans épingles de sûreté. Comparez le toucher des couches en plastique et des couches en coton contre votre joue. Quelle différence, n'est-ce pas?

    Chaque couche jetable usagée pèse 200 g. Un bébé auquel on met des couches jetables produit donc plus de 1 400 kg de déchets sur une période de deux ans et demi. La fabrication de couches en papier exige que soient abattus un milliard d'arbres chaque année.

Tant les usagers que les fabricants de couches jetables vantent leurs mérites. Mais sont-elles vraiment aussi commodes qu'on le dit? Les consommateurs de couches jetables doivent se les procurer au magasin lorsqu'ils font leurs courses. S'ils en manquent, ils doivent aller exprès au magasin. Avec les couches en tissu, chaque lessive exige dix minutes de votre temps, soit 30 minutes par semaine, pendant les deux ans et demi où votre bébé porte des couches. C'est le temps qu'il faut pour un aller et retour au magasin.

36   Il faut aussi tenir compte du coût des couches. Des statistiques démontrent que les couches jetables sont les plus coûteuses. Vient ensuite le service de buanderie. Laver les couches chez soi est le plus économique. Combien d'heures par semaine travaillez-vous pour payer les couches jetables?

Pour chaque dollar dépensé à l'achat de couches jetables, le consommateur débourse 8 cents de plus pour s'en défaire. Ce calcul ne tient pas compte des dépenses directement reliées à l'environnement.

Les gens qui utilisent des couches jetables sont censés jeter les matières fécales dans les toilettes, mais nombre d'entre eux les laissent dans la couche qu'ils mettent aux ordures. Nos dépotoirs ne peuvent traiter ces matières comme le peuvent nos égouts.

Les prétendues couches «jetables biodégradables» contiennent un apprêt. Ces plastiques se décomposent uniquement au contact du soleil ou du sol. Dans un dépotoir, il est rare que des couches aient l'un ou l'autre. Même si l'amidon qu'elles contiennent se décompose, la grande pièce de plastique se subdivisera en infimes particules d'un plastique tout aussi indestructible.

Des solutions alternatives existent cependant. De plus en plus de petites et de grandes villes offrent maintenant des services de buanderie de couches. En effet, de plus en plus de familles découvrent les avantages d'un service qui effectue la cueillette des couches souillées et la livraison de couches fraîches et bien lavées.

Chaque semaine, vous n'avez qu'à placer votre bac à couches à votre porte et on le remplacera par un paquet de couches bien propres. Vous n'aurez plus jamais à porter de grosses boîtes de couches du magasin à chez vous. Vous n'aurez plus jamais à transporter des montagnes d'ordures au bord du trottoir, des poubelles remplies de couches qui n'auront servi qu'une fois.

Les services de couches ne sont malheureusement pas disponibles partout ni à la portée de tout le monde. Si vous lavez vous-même vos couches, vous pourriez économiser jusqu'à 2000 $ pendant les années où votre enfant en porte. C'est bien assez pour vous offrir une machine à laver et une autre à sécher le linge.

Nous sommes entourés de papier. Nous utilisons du papier des douzaines, voire des centaines de fois chaque jour sans y réfléchir. Mais économiser le papier est sans doute la façon la plus facile et la plus avantageuse qui soit de nous aider à préserver l'équilibre écologique de notre planète.

37

Chapitre 3

NETTOYER SANS S'EMPOISONNER

Parfois, quand je songe à tous les poisons que nous répandons dans nos lacs et nos rivières, je frémis à l'idée de boire l'eau du robinet. Quand je songe aux javellisants, au plomb, aux dioxines, aux métaux lourds et aux autres polluants que pourraient contenir les réservoirs d'eau municipaux, je suis tentée d'acquérir un purificateur d'eau ou de ne boire que de l'eau en bouteille. Quel rapport y a-t-il entre l'eau que nous buvons, le nettoyage de la maison, la lessive et nos soins d'hygiène personnelle? Ceci: les produits de nettoyage que nous utilisons à la maison sont en grande partie déversés dans les égouts et retournent aux lacs, aux rivières et aux ruisseaux qui nous pourvoient en eau potable.

Pis, certaines localités ne traitent pas les eaux usées, qui retournent telles quelles au réseau hydraulique. Halifax, sur la côte Atlantique, fait face à un énorme problème: comment nettoyer la couche d'immondices haute d'un mètre qui recouvre le fond de la mer près du port. Victoria, sur la côte Ouest du Canada, rejette aussi ses eaux d'égout dans l'océan. Pendant que les politiciens et les environnementalistes se disputent à propos des solutions possibles, quelques personnes sensées suggèrent de réduire la quantité de polluants et d'immondices avant même qu'ils n'atteignent le port.

Halifax et Victoria ne sont pas les seules villes à devoir affronter ce problème. De nombreuses municipalités côtières en Amérique du Nord y font face aussi. Une étude des Nations Unies démontre que la plus grande partie des déchets de la planète — soit 20 milliards de tonnes annuellement — est jetée à la mer, souvent sans traitement préalable.

En dépit de ces abus, je continue de boire l'eau du robinet pour plusieurs raisons.

Premièrement, rien ne nous assure, dans les pays développés, qu'un purificateur d'eau ou l'eau embouteillée soient plus sains que l'eau du robinet. Des recherches privées ont parfois même démontré le contraire. De nombreuses localités n'établissent pas de règlements concernant l'eau en bouteille ou les purificateurs d'eau, et vous devez vous en remettre au manufacturier pour connaître un produit. Or, pourquoi les manufacturiers vous diraient-ils que l'eau du robinet est bonne à boire?

39

Remarque imprimée en petits caractères dans la brochure décrivant un filtre à eau: «L'énoncé des substances filtrées par notre purificateur ne signifie pas que lesdites substances sont présentes dans l'eau de votre robinet.»

Deuxièmement, si j'avais la certitude de boire de l'eau de qualité supérieure en choisissant l'eau en bouteille, je perpétuerais ainsi la notion selon laquelle l'eau potable est un luxe. Et si mon voisin ne pouvait pas s'offrir ce luxe? Qui décide qui boit quoi? Les grosses entreprises disposeraient-elles d'eau potable parce qu'elles en ont les moyens? Dans les HLM, boirait-on de l'eau polluée? L'eau potable devrait-elle être accessible aux hôpitaux et aux écoles? Où cela s'arrêterait-il?

Troisièmement, boire de l'eau embouteillée ou utiliser un purificateur d'eau domestique me dégagerait de toute responsabilité quant à la propreté de nos lacs, de nos rivières et de nos sources. La pollution de l'eau deviendrait «leur» problème au lieu d'être «mon» problème. Si je suis sûre de la qualité de l'eau que je bois, pourquoi m'inquiéterais-je de l'eau que boivent les autres?

Réagir ainsi équivaut à s'enfoncer la tête dans le sable. Et si l'on ne pouvait boire que l'eau du robinet au bureau ou à l'école des enfants? Je n'imagine pas devoir me balader avec un jerricane d'eau en bandoulière ou munir ma fille d'une bouteille d'eau quand elle part pour l'école. Il devrait y avoir de l'eau potable partout. Si je veux être libre de vivre, de travailler et de m'amuser où bon me semble, je dois pouvoir trouver de l'eau potable où que j'aille. Si elle est si polluée que je ne saurais la boire, est-ce que je voudrais m'y baigner ou y pêcher du poisson?

Quatrièmement, l'eau «de source» ou l'eau «minérale» que nous achetons en bouteille provient de sources souterraines ou de nappes glaciaires. Puiser cette eau est très différent de puiser l'eau toujours recyclée de nos lacs et de nos rivières. Ces «nappes d'eau souterraines» ou ces «eaux fossiles» se sont accumulées il y a des centaines de milliers d'années, sur une période de plusieurs milliers d'années. Partout dans le monde on puise à ces nappes souterraines à un rythme toujours croissant. Quand il n'y en aura plus, il n'y en aura plus. Les sources se seront taries.

40

Alors, il y aura enfoncement du sol, baisse du niveau hydrostatique, destruction probable de l'habitat de certaines espèces animales. Nous ne parlons pas d'un laps de temps de quelques centaines ou de quelques millers d'années. Certaines grandes sources souterraines seront taries d'ici 50 ans à peine. Si nous persistons à y puiser au rythme actuel, elles disparaîtront avant moi.

Cinquièmement, l'énergie nécessaire à l'élaboration, au transport et à la destruction des produits d'emballage de l'eau embouteillée est considérable. La fabrication de bouteilles en verre ou en plastique requiert de grandes quantités de chaleur, d'électricité et d'eau. Les combustibles nécessaires à la production de chaleur et d'électricité sont polluants. Détourner l'eau à des usages moins bénéfiques que ceux auxquels elle pourrait servir équivaut à la gaspiller. On brûle encore d'autres combustibles dans le transport et la distribution de cette eau embouteillée. Enfin, on doit se débarrasser du contenant d'une façon ou d'une autre, en le réutilisant, en le recyclant ou en le jetant au dépotoir. Chacune de ces méthodes représente une perte supplémentaire d'énergie.

Il m'arrive d'acheter une bouteille d'eau minérale pour «me gâter» (bien que, désormais, je crois que je ne le ferai plus), mais je n'aimerais pas devoir compter sur cette eau pour mes besoins de tous les jours.

Nous pourrions commencer par nettoyer notre eau, que les eaux usées soient ou non «purifiées» avant d'être recyclées. Nous lisons tous les jours dans les journaux que telle ou telle substance toxique pollue notre eau. Nous pouvons contribuer à la propreté de notre eau en évitant de jeter dans l'évier ou les toilettes des produits polluants — que nous ne tenons pas à absorber — impossibles à déloger du réseau hydraulique.

L'Amérique du Nord possède l'une des sources d'eau les plus importantes et les plus vulnérables du monde: les Grands-Lacs. Ils forment, avec le fleuve Saint-Laurent, la plus grande étendue d'eau douce de la planète. En raison de leur volume considérable, nous avons traité ces réserves d'eau comme si elles devaient toujours suffire à nos besoins. Nous nous sommes trompés.

41

Seulement 1 p. 100 de l'eau des Grands-Lacs se déverse chaque année dans le Saint-Laurent. Tout ce que nous jetons dans les lacs y reste.

Lorsque, fraîchement débarquée des Prairies, je m'installai à Toronto, je me baignais avec une joie immense dans le lac Ontario. Maintenant, moins de 20 ans plus tard, les plages affichent des mises en garde contre la baignade en eaux polluées. J'emmène ma fille à Sunnyside Beach, sur les rives de ce magnifique lac, et elle se baigne dans une piscine.

De nombreux groupes et individus militent en faveur de la dépollution des Grands-Lacs, et je les appuie totalement. Si vous souhaitez les aider, référez-vous au chapitre sur les mouvements écologiques. Mais nous pouvons aussi beaucoup accomplir par nous-mêmes, à la maison, pour contribuer à rendre l'eau plus pure.

«Un distributeur d'articles pour piscines a dû payer une amende de 4000 $ pour avoir accidentellement répandu du chlore et tué des centaines de poissons.» Fait divers, 1989.

Faut-il vraiment laver plus blanc que blanc? Chaque fois que quelqu'un découvre une façon de faciliter le nettoyage, nous haussons aussitôt nos critères de propreté. Avant l'invention de l'aspirateur, les moutons s'accumulaient certes plus que maintenant sous les lits et derrière les meubles. Tous les ans, le «ménage du printemps» leur réglait leur compte. De nos jours, nous passons l'aspirateur toutes les semaines.

42

Avant l'invention des lessiveuses, on attendait que les vêtements soient sales pour les laver; on ne les lavait pas s'ils n'avaient été portés qu'une seule fois. Maintenant que faire la lessive est un jeu d'enfant, nous la faisons une, deux et même trois fois la semaine. Souvent, le linge ainsi lavé n'est même pas sale; il a seulement été porté.

Quand j'étais petite, nous faisions le ménage «quand nous attendions de la visite». N'allez pas croire, cependant, que nous vivions dans une soue. En fait, la maison était plutôt bien tenue. Nous lavions la vaisselle et balayions le plancher après chaque repas, et nous portions toujours des vêtements propres. Nous rangions assez régulièrement. En réalité, ma mère mettait beaucoup d'énergie à effectuer ces tâches ingrates.

Mais elle avait mieux à faire qu'astiquer le moindre recoin de la maison. (Papa aussi, mais c'était un travail de femmes, à cette époque.) Maman était toujours là pour aider ses quatre enfants à faire leurs devoirs, à pratiquer la pièce qu'ils devaient jouer à l'école, à fabriquer des marionnettes, à construire un fort. Bien sûr, tout le monde aimait nous rendre visite. Tous nos amis aimaient ma mère et personne ne se plaignait si les lavabos des salles de bains n'étaient pas parfaitement stérilisés. Personne n'a jamais songé à reprocher à ma mère de ne pas être en train de récurer la baignoire quand elle nous aidait à organiser notre herbier ou qu'elle prenait part au jury du festival de théâtre de l'école.

Je sais que personne ne tient à vivre dans la saleté. Toutefois, nous pourrions nous demander s'il est vraiment nécessaire de faire aussi souvent le ménage. Ne perdons pas de vue ce qui compte le plus dans la vie. Nos amis nous apprécieront-ils moins si les rebords de fenêtres ne sont pas toujours frais lavés? Médiront-ils de nous si le lavabo ne reluit pas comme un miroir? Quelle sorte d'amis souhaitons-nous avoir? Des inspecteurs de la salubrité publique?

Que faire

43

Au supermarché, faites quelques pas de plus et procurez-vous une boîte de savon à lessive au lieu de votre détergent habituel.

Le savon à lessive est beaucoup moins nocif que le détergent, et tout aussi efficace pour la lessive ordinaire. Je l'emploie depuis plusieurs années et, de temps à autre seulement, je le remplace par un détergent.

Si vous essayez le savon une fois, vous constaterez son efficacité. La plupart d'entre nous ne travaillent ni dans la mécanique automobile ni dans les mines de charbon. Nous ne salissons pas nos vêtements au point d'avoir besoin du haut rendement promis par les fabricants de détergents.

Jour après jour, semaine après semaine, le produit de nettoyage que nous utilisons le plus souvent à la maison est le détergent. Nous devons donc nous préoccuper de ses effets sur l'environnement. Quels défauts présentent les détergents? La plupart sont à base de pétrole. Par conséquent, lorsqu'ils sont évacués dans les égouts, ils se décomposent très lentement et laissent souvent des résidus indestructibles.

Les détergents contiennent aussi des phosphates dont la fonction est d'adoucir l'eau. Ces phosphates, en fertilisant les algues de nos lacs, provoquent chez elles une explosion de croissance. Cette croissance excessive des algues épuise les réserves d'oxygène de l'eau, détruisant ainsi d'autres formes de vie aquatique, soit les poissons, les crustacés et les microorganismes. Ce fut le sort du lac Erié il y a 20 ans. Vous vous en souvenez? On le disait «mort». Heureusement, ce constat était prématuré. Les États-Unis et le Canada unirent leurs efforts pour, entre autres choses, restreindre les quantités tolérables de phosphates dans les détergents. (Malheureusement, ces règlements ne furent pas appliqués aux détergents destinés aux lave-vaisselle, qui présentent un problème croissant.) Si le lac Erié n'est pas encore complètement guéri, il est en bonne voie de l'être. Toutefois, on aura beau réduire le pourcentage de phosphates dans les détergents à lessive, l'utilisation de phosphates n'en continuera pas moins d'augmenter, puisque la population continue de s'accroître.

44

Votre détergent est aussi susceptible de contenir des enzymes, des parfums, des javellisants optiques, des javellisants chimiques, et des produits agissant comme brasure des métaux lourds dans l'eau. Tous ces ingrédients sont nocifs. La décomposition des javellisants entraîne la formation de substances cancérigènes.

La liste des ingrédients contenus dans les autres produits de nettoyage domestique fait penser à la liste d'épicerie d'un chimiste fou. Les nettoyeurs de renvois d'eau contiennent de la soude, qui est un poison caustique. On y trouve aussi parfois de l'hydrate de soude (soude caustique), de l'hydrate de potassium (potasse caustique), de l'hypochlorite de soude ou de l'acide chlorydrique (acide muriatique). Pas mal, n'est-ce pas?

Les récurants de cuvettes de toilettes peuvent contenir de l'acide chlorydrique, de l'acide oxalique (un poison), du paradichlorobenzène (beaucoup employé comme insecticide dans les antimites — avez-vous récemment aperçu des mites dans les toilettes?) et de l'hypochlorite de calcium.

Les polis pour l'argenterie peuvent contenir de l'acide sulfurique (également appelé vitriol — d'où provient «vitriolique», c'est-à-dire corrosif, brûlant, caustique). Les désinfectants peuvent contenir du phénol (acide carbolique ou phénique), et les nettoyeurs à tapis, de la naphtalène (également présente dans les antimites).

N'étant pas chimiste, j'ignore l'effet de ces produits. Mais je sais que je n'ai nullement envie d'en retrouver dans l'eau que je bois. Heureusement, il existe plusieurs solutions alternatives.

La prochaine fois que vous irez au supermarché, procurez-vous du savon à lessive plutôt que du détergent. Vous n'aurez malheureusement pas l'embarras du choix et vous devrez chercher un peu. Au supermarché que je fréquente, il y a des douzaines de marques de détergents et une seule marque de savon, le savon Ivory Neige. Vous devriez pouvoir trouver au moins une marque de savon, dont l'emballage affiche sans doute une tête de bébé, car le savon à lessive est réputé très doux pour la peau fragile des bébés — une preuve de plus qu'il ne saurait nuire à l'équilibre écologique.

45

Essayez-le. Faites une ou deux brassées de lessive en remplaçant votre détergent par du savon. Vous ne verrez pas plus que moi de différence dans la propreté de votre linge. Si votre eau est très calcaire ou si vous croyez avoir besoin d'un adoucisseur d'eau, ajoutez 125 ml de vinaigre à votre eau de rinçage. Mais attention au mélange javellisant et vinaigre qui produit des vapeurs toxiques!

D'autres poudres à lessive non nocives, ne contenant ni phosphates, ni enzymes, ni nitrates, commencent à faire leur apparition dans les supermarchés. Votre magasin de produits naturels peut aussi vous offrir des nettoyeurs sans danger.

Remplacez les javellisants par du borax ou
des cristaux à lessive.

Je n'emploie l'eau de Javel que dans les rares cas de taches vraiment rebelles. Il n'est pas à conseiller de l'ajouter aux lessives ordinaires. Son action javellisante continue même après que l'eau s'est écoulée par les renvois et peut faire des ravages dans nos réseaux hydrauliques.

Si vous pensez vraiment que votre savon a besoin d'un coup de pouce, ajoutez-y un peu de borax ou de cristaux à lessive. On trouve ces deux produits avec les détergents. L'un ou l'autre renforcera votre savon en adoucissant l'eau et sera beaucoup moins nocif pour l'environnement. Ils ne présentent pas non plus de risques pour vos vêtements.

On trouve cependant du borax dans nombre de fertilisants et, même s'il empêche la formation de moisissures, j'ai peur qu'en grandes quantités il produise des effets semblables à ceux qu'entraîne un usage excessif des phosphates. Je mêle un peu de cristaux à lessive à mon eau de temps à autre, mais attention: ils peuvent irriter la peau, surtout si vos mains sont mouillées. Quoi qu'il en soit, ces deux produits sont préférables à l'eau de Javel.

46

Procurez-vous une ventouse.

Les nettoyeurs de renvois d'eau sont si toxiques et si corrosifs qu'ils ne devraient jamais être jetés avec les ordures domestiques. S'il n'y a pas de programme d'élimination des déchets dangereux dans votre région, gardez les nettoyeurs de renvois d'eau en lieu sûr jusqu'à ce qu'on en mette un sur pied. (Il faudra bien qu'un jour prochain toutes les collectivités en aient un.) D'ici là, armez-vous d'une ventouse — ce «bras droit» du plombier. C'est un objet utile à avoir en cas d'urgence. Quelques bonnes succions viennent à bout de la plupart des toilettes obstruées.

Si l'obstruction est souterraine et grave, vous aurez besoin d'un débouchoir. Dans ce cas, le nettoyeur ne serait d'aucun secours. Vous trouverez une ventouse à la quincaillerie et vous pouvez louer un débouchoir dans toutes les entreprises de location d'outils. (Si vous habitez un appartement, le plombier du propriétaire devrait se charger lui-même de débloquer les renvois au moyen d'un débouchoir.)

Gardez les renvois d'eau propres.

Si l'écoulement de l'eau dans vos éviers est lent, prévenez les problèmes avant qu'ils ne s'aggravent. Faites couler de l'eau chaude dans le renvoi, puis versez-y 125 ml de cristaux à lessive. Attendez 15 minutes, puis ajoutez de l'eau chaude. L'utilisation régulière de cristaux dans la lessive, tel que suggéré plus haut, aide à garder les renvois d'eau libres.

Voici une autre recette pour nettoyer les renvois qui causent des problèmes. Versez-y de l'eau bouillante. Ajoutez 125 ml de bicarbonate de soude, 125 ml de vinaigre blanc et 25 ml de sel. Cette solution ne s'imposera jamais si vous entretenez vos renvois d'eau en y versant régulièrement un mélange de vinaigre et de bicarbonate de soude. Il n'est pas non plus nécessaire de mettre ces agents nettoyants sous clé. Comme ils ne sont pas toxiques, l'armoire à épicerie fait parfaitement l'affaire.

***N'achetez plus de nettoyeur spécial pour
la cuvette des toilettes.***

Est-il vraiment nécessaire de nettoyer la cuvette des toilettes chaque fois que vous actionnez la chasse d'eau? Nettoyer la cuvette ne prend pas plus de temps qu'il n'en faut pour accro-

47

cher l'un de ces produits qui nettoient automatiquement les toilettes dans le réservoir. Saupoudrez un peu de bicarbonate de soude sur votre brosse à récurer et passez-la une ou deux fois autour de la cuvette. C'est tout. Cela suffit amplement. Si vous estimez nécessaire de désinfecter la cuvette, versez-y 125 ml de borax et attendez une heure avant d'actionner la chasse. Rien de toxique, rien de corrosif.

48

Nettoyez les lavabos et les appareils ménagers
avec du bicarbonate de soude.

Le bicarbonate de soude est un extraordinaire agent nettoyant qui ne nuit pas à l'équilibre écologique. Vos enfants s'intéresseront au ménage si vous les attirez à l'aide de cette petite expérience scientifique. Versez 125 ml de vinaigre dans votre lavabo (après l'avoir fermé), et répartissez-le sur le fond et sur les côtés. Dites ensuite aux enfants d'y saupoudrer du bicarbonate de soude. Surprise! ça pétille et c'est amusant. Laissez reposer une minute ou deux, puis essuyez avec un chiffon. Après avoir nettoyé ainsi vos lavabos, versez un peu de sel et d'eau chaude dans le renvoi pour assurer un bon écoulement.

J'emploie le même mélange de vinaigre et de bicarbonate de soude pour laver les comptoirs et les appareils électriques, et pour le nettoyage en général. Pour un récurage rapide de l'évier, le bicarbonate de soude suffit. Nul besoin de vinaigre. Outre la boîte que j'utilise dans la cuisine, j'en conserve une autre qui remplit deux fonctions. Ouverte, elle absorbe les odeurs du réfrigérateur (votre mère l'employait aussi). Et quand il me faut une petite quantité de bicarbonate pour un nettoyage rapide de l'évier, j'ouvre le frigo et me sers de la boîte qui s'y trouve; en utilisant le bicarbonate de soude qui se trouve en surface, je redonne de la force à ce qui reste pour absorber les odeurs.

Si cette méthode ne vous convient pas, déplacez le bicarbonate de soude du frigo à l'armoire sous l'évier quand il aura fait son temps au réfrigérateur. Chaque fois que vous remplacez la boîte du réfrigérateur par une nouvelle, utilisez l'ancienne pour le ménage. Frais ou éventé, le bicarbonate de soude est un nettoyeur efficace.

49

Préparez vous-même votre nettoyeur tout usage.

Que faire pour le lavage des planchers et pour les gros travaux du ménage? Que faire quand vous avez l'énergie voulue pour laver les murs et nettoyer toute la maison? Voici une recette de nettoyeur tout usage que vous pouvez utiliser sans remords.

Mais attention: *ne mélangez jamais ce nettoyeur à de l'eau de Javel.* Tout produit contenant de l'ammoniaque produira des vapeurs extrêmement toxiques si on le mêle à de l'eau de Javel. L'ammoniaque est un excellent agent nettoyant, peu coûteux et biodégradable, deux excellentes raisons pour le préférer aux produits offerts dans le commerce. Mais il est corrosif et il peut être dangereux d'en aspirer les vapeurs. Pour cette raison, je ne l'utilise que dans les gros travaux ménagers. On trouve l'ammoniaque avec les produits de nettoyage dans les supermarchés et les quincailleries.

La recette: versez environ 2 litres d'eau dans un seau. Ajoutez 125 ml d'ammoniaque, 125 ml de vinaigre et 50 ml de bicarbonate de soude. C'est tout. Il faut moins de deux minutes pour préparer ce mélange. Ensuite, frottez. Ce nettoyeur agit sur les planchers, les murs, les lavabos, les appareils électriques, les comptoirs de cuisine, etc. Ne l'employez pas pour nettoyer le cuivre, l'aluminium ni l'acier inoxydable — y compris votre évier de cuisine. N'oubliez pas de bien aérer quand vous utilisez de l'ammoniaque.

*Placez un petit bol d'ammoniaque dans le four au lieu de le
nettoyer avec des produits encore plus dangereux.*

Je ne suis pas portée sur le nettoyage du four. Ma sœur et moi
disons toujours qu'il est temps de déménager ou de vendre la
maison quand le four a besoin de récurage. Si votre four doit
être nettoyé, appliquez la méthode suivante après vous en être
servi, quand il est encore chaud. Versez environ 50 ml d'ammoniaque dans un petit bol (un bol à soupe fera l'affaire) et
remplissez-le d'eau tiède. Placez le bol dans le four et fermez la
porte.

Je fixe toujours un petit écriteau sur la porte du four:
«Ammoniaque au four!» pour qu'on ne l'allume pas. Le lendemain matin, il suffit d'ouvrir les fenêtres pour aérer, puis
d'ouvrir la porte du four. Laissez s'échapper les vapeurs
pendant quelques minutes, puis essuyez les parois intérieures du
four avec un chiffon humide. Encore une fois, évitez tout contact
de l'ammoniaque avec du cuivre ou de l'aluminium (attention à
votre thermostat).

*Un peu de chimie domestique remplacera
bien des produits toxiques.*

Voici quelques recettes utiles:
- **Poli pour les meubles:** Mélanger 50 ml d'huile végétale
(n'importe quelle huile peu dispendieuse fait très bien l'affaire)
et 25 ml de jus de citron. Appliquer sur les meubles et polir avec
un chiffon doux. Vous pourriez peut-être utiliser les restes pour
assaisonner vos salades? Pour un poli à meubles non comestible,

un chiffon humide imbibé d'huile minérale convient très bien (et vous ne vous empoisonnerez pas si vous en avalez).

• **Poli pour l'argenterie:** Voici une autre belle expérience à faire avec les enfants. Il y a deux façons de procéder. Vous pouvez soit employer une vieille casserole en aluminium que vous ne craignez pas de salir, ou encore placer une feuille de papier d'aluminium au fond d'une casserole émaillée ou en acier inoxydable. Une feuille usagée et froissée convient tout à fait. Versez environ un litre d'eau dans la casserole. Ajoutez 15 ml de bicarbonate de soude et 5 ml de sel. Amenez à ébullition, puis déposez votre argenterie dans la solution. La ternissure quitte votre argenterie par magie et se dépose au fond de la casserole. Les enfants pourront analyser cette réaction chimique tout en polissant l'argenterie avec un linge doux. Certaines personnes prétendent que vos objets en argent acquerront ainsi un fini mat. Pour ma part, je n'ai pas rencontré ce problème. Vous pouvez aussi nettoyer votre argenterie avec une brosse à dents et du dentrifrice. Vous en brossez délicatement les parties difficiles à atteindre, puis vous rincez et polissez avec un linge doux.

51

• **Poli à cuivre:** Faites une pâte en mélangeant des quantités égales de sel, de farine et de vinaigre (la farine agit comme un liant). Frottez les objets en cuivre avec ce mélange et laissez reposer dix minutes. Polissez avec un linge doux.

Éloignez les mites avec du cèdre plutôt qu'avec des antimites, qui contiennent un poison.

Un placard en cèdre ou des éclats de cèdre dans un placard décourageront les mites. On trouve des sachets de cèdre, des boules de cèdre et même des cintres en cèdre dans les quincailleries, les magasins d'articles de sport ou les magasins à rayons. Vous pouvez aussi tailler des copeaux de cèdre dans des bardeaux avec un rabot. Suspendez un sac en filet rempli de copeaux de cèdre au fond de votre placard.

Choisissez une poudre à lave-vaisselle qui ne nuira pas à l'environnement.

52 Votre supermarché offre peut-être ces nouvelles poudres pour le lave-vaisselle sans phosphates, spécifiquement conçues pour ne pas nuire à l'environnement. Essayez aussi de réduire la quantité de nettoyeurs que vous utilisez (voir à la fin du chapitre).

L'eau n'est pas mal non plus.

Avant de faire appel à un produit de nettoyage, trempez un torchon dans de l'eau, recouvrez-en la tache et attendez une minute ou deux. Pensez à cette solution quand vous lavez les planchers ou les comptoirs. Nul besoin de récurer. Nul besoin de frotter. On essuie, et c'est tout.

Choisissez un pain de savon non parfumé. Il contient moins de produits chimiques.

Du savon sans parfum lave aussi bien que du savon parfumé. J'achète toujours du simple savon à la glycérine pour le lavabo et pour le bain. Vous pouvez aussi l'utiliser pour laver vos cheveux. J'ai la chance de pouvoir faire couper des savonnettes à même un gros pain de savon, au marché. Votre magasin de produits naturels ou le marché local peuvent peut-être vous offrir le même service. Vous pouvez, bien sûr, acheter des paquets de savonnettes à la glycérine à la pharmacie ou au supermarché, mais elles vous coûteront plus cher, et vous achèterez aussi un emballage inutile. Sinon, recherchez les savons non parfumés. Sentir le propre ne signifie pas sentir le parfum industriel.

53

Faites l'essai d'une crème hydratante non parfumée
pour les mains, le visage et le corps.

D'après certains chimistes, plus une crème est grasse, mieux elle peut hydrater votre peau. La lanoline pure est sans doute la substance la plus graisseuse qui soit. Je connais des femmes qui s'en enduisent les mains et enfilent des gants pour dormir. Si vous ne voulez pas de ce remède pour peaux sèches, faites l'essai d'une crème non parfumée contenant de la lanoline.

Votre pharmacien pourra aussi vous vendre la crème de base dont il se sert pour préparer ses prescriptions. C'est une crème blanche et inodore, à base de Glaxal. Ma fille Caroline utilisait cette crème à trois ans. Je n'oublierai jamais combien elle étonnait ses institutrices de la maternelle en leur annonçant qu'elle souffrait de «dermatite atopique». La crème agissait sur sa peau sans qu'elle éprouve une sensation de brûlure. Depuis, je l'applique souvent sur mes mains sèches. Une ordonnance n'est pas nécessaire pour vous procurer cette crème, mais vous devrez la demander au pharmacien. On ne la trouve pas sur les rayons.

Toutes les huiles végétales sont bonnes pour la peau. Si vous n'avez rien d'autre — par exemple, en camping — vous pouvez appliquer du beurre doux ou de la margarine sur vos mains, votre visage et vos lèvres.

54

Rincez vos cheveux avec du vinaigre ou du jus de citron.

L'un ou l'autre redonneront de la souplesse et du lustre à vos cheveux. Non! vous ne sentirez pas la vinaigrette. Vous n'avez qu'à bien rincer, comme s'il s'agissait d'un rince-crème ordinaire, et vous sentirez le propre, c'est tout. Remplissez une vieille bouteille de shampoing ou de rince avec du vinaigre et gardez-la à portée de la main dans la salle de bains. Il est préférable de conserver le jus de citron au réfrigérateur.

Choisissez un désodorisant naturel.

Autrefois, Barry sautillait en battant des bras chaque fois qu'il appliquait un désodorisant sur la peau sensible de ses aisselles. Il y a quelques années, nous avons découvert un produit merveilleux qui nous convient à tous les deux. Il s'agit d'un pain de cristal opalescent que Barry et moi avons baptisé «la pierre». Nous avons chacun la nôtre. Il suffit de la mouiller et de l'appliquer sous les bras.

Jusqu'à présent, je n'en ai trouvé qu'une seule marque, «Le Cristal Naturel». Votre pharmacie en tient peut-être, de cette marque ou d'une autre. La pierre en question est un pain de sels minéraux naturels qui ne contient aucun parfum et aucun produit chimique de quelque nature que ce soit. Cette «pierre» est assez coûteuse. J'ai payé la mienne 20 $ il y a deux ans — mais elle durera encore des années. J'en ai aperçu récemment dans un magasin de produits naturels pour 13 $. Mais comme ce cristal dure très longtemps, il est en fait plus économique qu'un désodorisant commercial. Et Barry ne sautille plus quand il applique son désodorisant le matin.

Évitez les désodorisants en aérosol. L'emballage est plus important que le produit qu'il dispense.

55

Démaquillez-vous avec une débarbouillette.

Les mouchoirs de papier et les boules de coton hydrophile ne servent qu'une fois, puis on les jette. Cela épuise les ressources mêmes qui servent à les fabriquer et encombre les décharges publiques. Démaquillez-vous avec un linge et de l'eau tiède.

*Optez pour des tampons et des serviettes sanitaires
sans emballage superflu.*

Le principal reproche que j'adresse aux fabricants de produits sanitaires, outre qu'ils utilisent la pulpe de bois blanchie, est d'abuser des matières plastiques non décomposables. Je sais qu'il s'agit d'un domaine où les préférences personnelles sont des plus tenaces. Mais les femmes peuvent pousser les fabricants à modifier leurs produits si elles sont conscientes de leur effet néfaste sur l'environnement.

Préférez un tampon avec applicateur de carton ou sans applicateur. Ne jetez pas les applicateurs de plastique dans la cuvette des toilettes. En nettoyant 253 km de côte au Texas, une équipe d'ouvriers a ramassé, en trois heures, entre autres objets en plastique, 1 040 applicateurs de tampons.

J'ai renoncé à regret à acheter ma marque préférée de protège-slips quand le fabricant a choisi de les envelopper de plastique par paquets de trois avant de les mettre dans la boîte. Je trouvais cet emballage écologiquement nocif, et malcommode pour moi. Certaines serviettes sanitaires ont un emballage individuel en plastique. C'est autant de plastique pour les sites d'enfouissement des déchets.

Quelques magasins offrent des serviettes sanitaires fabriquées sans pulpe de bois blanchie. Elles ne sont pas emballées individuellement. Pourquoi ne pas vous en procurer? Si vraiment l'écologie vous tient à cœur, votre marchand de produits naturels peut vous offrir des éponges hygiéniques lavables et réutilisables.

Cette année, achetez, ne serait-ce qu'une seule fois, vos produits de toilette ailleurs qu'à la pharmacie ou au supermarché.

Votre marchand de produits naturels vend sans doute tout ce qu'il vous faut en matière d'articles de toilette ou de nettoyage. Recherchez les savons, les shampoings et les poudres à lessive biodégradables. Surveillez les nouveaux produits non dommageables qu'offre votre supermarché (ils sont clairement annoncés quand ils sont disponibles).

La chaîne de franchises «The Body Shop» possède des magasins de produits non nocifs pour l'environnement partout en Amérique du Nord et en Grande-Bretagne. On peut y trouver des articles de toilette entièrement naturels qui n'ont pas été expérimentés sur des animaux. En Grande-Bretagne, on remplira vos contenants en plastique. Ailleurs, on les recyclera. Cette compagnie consacre aussi du temps et de l'argent à des causes écologiques et humanitaires.

Ignorez les fabricants.

57

L'un des plus grands génies en marketing dans toute l'histoire du commerce est le type qui a eu l'idée de clore le mode d'emploi de tous les shampoings par les mots: «Répétez l'opération.» Malheureusement, ce génie du marketing était un traître pour l'environnement. Pourquoi les fabricants nous incitent-ils à utiliser 250 ml de détergent quand 125 ml suffiraient?

Utilisez d'abord la moitié des quantités de savon ou de détergent suggérées par le fabricant pour connaître vos besoins réels. Il se peut que la propreté de votre lessive ou de vos cheveux ne souffre pas de cette réduction. Dans ma famille, nous avons diminué la quantité de poudre à lessive et à vaisselle, et la quantité de produits de toilette que nous utilisons, sans constater de différence dans la propreté. Nos vêtements blancs ne sont peut-être pas plus blancs que blanc, mais ils sont toujours blancs. Nos cheveux, notre vaisselle, nos lavabos, nos cuvettes de toilettes sont propres. Et, bien entendu, en prime, nous économisons de l'argent tout en protégeant l'équilibre écologique.

> *Pensez propre, pensez net. Mettez au moins une des suggestions de ce chapitre à l'essai cette semaine. Consacrez-y deux petites minutes de votre temps. Vous verrez qu'il est facile de faire sa part et que cela ne coûte rien.*

CHAPITRE 4

ALERTE AU CONDUCTEUR

L'automobile est là pour rester, convenons-en. Ce véhicule à combustion dépasse à peine 100 ans d'âge, mais il a déjà transformé la planète, plus spécifiquement les nations prospères et les pays industrialisés. Y a-t-il en Occident une seule personne qui ne soit jamais montée à bord d'un véhicule automobile? Pourtant, même si en Amérique du Nord on compte une voiture pour chaque groupe de deux individus, la plupart des gens dans le monde ne posséderont jamais la leur.

Qui d'entre nous, à un moment ou à un autre, n'a pas rêvé d'acquérir une voiture plus luxueuse ou plus coûteuse? Qui n'a pas convoité une petite voiture sport rouge et nerveuse, ou une prestigieuse voiture de luxe bourrée d'options? Peu de temps après son invention, la voiture était déjà devenue un attribut social et un mythe. Elle est aussi pour bien des gens une nécessité. On construit des agglomérations loin des supermarchés, des écoles, des entreprises et des centres commerciaux. Les transports publics ne sont pas toujours adéquats. Les résidents doivent disposer d'une voiture s'ils veulent vivre normalement, se rendre à leur travail ou à l'école, ou participer à la vie de la collectivité.

De plus en plus de gens constatent que véhicules automobiles et destruction de la planète sont liés. S'il n'est plus considéré comme acceptable de gaspiller de l'énergie dans nos maisons, de porter des fourrures d'animaux dont la race est en voie d'extinction ou d'acquérir des objets et des produits en bois tropicaux, il n'est pas plus acceptable pour les gens sensés de faire étalage de voitures qui consomment beaucoup d'énergie. D'où vient ce changement d'attitude? De la fin de la lune de miel avec l'automobile.

• **L'effet de serre:** La présence de gaz dans l'atmosphère, dont l'accumulation emprisonne la chaleur du soleil près de la surface de la Terre, provoque un réchauffement progressif de la planète. Quand on les brûle, les combustibles fossiles, telle l'essence, produisent du carbone qui pollue l'atmosphère. Ils sont à l'origine de l'effet de serre. (Pour en savoir davantage sur l'effet de serre et le réchauffement de la planète, consulter la sous-section du chapitre 6 intitulée «L'énergie thermique».) Les États-Unis sont le pays du monde où les émissions d'anhydride carbonique augmentent le plus. Le Canada les suit de près. On améliore les véhicules, mais leur nombre augmente sans arrêt.

59

Les États-Unis produisent annuellement 8 millions de voitures neuves. La Floride compte à l'heure actuelle plus de voitures que de résidents. La voiture nord-américaine moyenne émet chaque année l'équivalent ou plus de son poids en carbone, soit 2 tonnes.

• **Pluies acides:** L'oxyde d'azote contenu dans les gaz d'échappement des voitures s'accumule dans les nuages, ce qui contribue directement à l'acidification de la pluie, c'est-à-dire aux «pluies acides». En Californie, on a soumis les émissions de gaz d'échappement à des normes sévères. Actuellement, certains autres États adoptent des normes plus strictes encore. Quant aux réglementations canadiennes en ce domaine, elles viennent loin derrière.

Ce sont les arbres, les lacs, les poissons et les bêtes sauvages qui ont subi les effets les plus dévastateurs des pluies acides, mais la corrosion due aux pluies, à la neige et à la gadoue n'a pas épargné les édifices en pierre et les monuments. Les pluies acides ont détruit des milliers de lacs en rendant leurs eaux impropres à la survie des poissons, des plantes et des microorganismes. L'eau acide extrait les métaux lourds du roc et les déverse dans les lacs. Les poissons, en absorbant ces métaux dans leurs branchies, périssent par asphyxie. L'apparente beauté et l'apparente limpidité de ces lacs sont dues, en réalité, à l'absence de toute vie. Regarder l'eau d'un lac détruit par les pluies acides équivaut à regarder l'acide clair comme du cristal que contiendrait une éprouvette.

Une automobile consomme en moyenne trois tonnes d'essence pendant sa durée d'utilisation.

60

Les pluies acides ont détruit le tiers des arbres de la célèbre Forêt-Noire, en Allemagne, et elles ont causé des dommages irréparables aux lacs et aux arbres du Canada, de la Norvège, de la Grande-Bretagne et d'autres pays de l'hémisphère nord. On ne s'étonnera pas, par conséquent, d'apprendre que les pluies acides sont dangereuses pour les êtres humains. Elles affectent les enfants, les personnes âgées et les adultes atteints de maladies respiratoires. Les poisons transportés par l'atmosphère s'accumulent dans les poumons et peuvent causer des affections pulmonaires et d'autres maladies respiratoires. À des degrés divers, nous sommes tous victimes des pluies acides.

    • **Diminution de la couche d'ozone:** L'air climatisé n'est plus un luxe. Les automobiles en sont équipées d'office et il arrive même que certains manufacturiers l'offrent «en prime» avec leurs voitures. Selon leur lieu de résidence, de 75 à 90 p. 100 des Nord-Américains n'hésitent pas à payer un supplément pour la climatisation de leur automobile. Si le réchauffement de la planète continue de progresser au rythme actuel, de plus en plus de véhicules seront vraisemblablement pourvus de circuits de climatisation. Malheureusement, les fluides frigorigènes des systèmes d'air climatisé, c'est-à-dire les chlorofluorocarbones ou CFC, ont un effet dévastateur sur la couche d'ozone.

    En quoi consiste la couche d'ozone? Pourquoi sa diminution est-elle une source d'inquiétude? L'ozone (O_3) est une forme allotropique de l'oxygène. L'oxygène contenu dans l'atmosphère

ALERTE AU CONDUCTEUR

terrestre dégage naturellement une couche d'ozone qui nous protège des rayons ultraviolets du soleil. En se décomposant dans l'atmosphère, les CFC, composés d'atomes de chlore, de fluor et de carbone, libèrent du chlore qui détruit les molécules d'ozone.

Le monde scientifique a été atterré de constater que les trous dans la couche d'ozone au-dessus de l'Arctique et de l'Antarctique s'étendent d'année en année, et même que certains d'entre eux sont de la dimension d'un continent. Cela cause des cataractes et des cancers de la peau plus nombreux, une sensibilité accrue aux coups de soleil, le vieillissement et le flétrissement prématurés de l'épiderme, un moindre rendement des récoltes et du bois d'œuvre, l'endommagement de l'équilibre écologique aquatique, une réduction du produit de la pêche et l'apparition de plantes au feuillage plus petit et à la croissance ralentie. Ce phénomène provoque également une détérioration plus rapide de la peinture et des plastiques qui doivent être renouvelés plus souvent.

Comme les CFC peuvent mettre des années à se décomposer, nous ne sommes pas en mesure de prévoir le degré d'endommagement que subira la couche d'ozone même si nous cessons immédiatement toute production de CFC. Les CFC ont été rapidement éliminés des aérosols et des mousses de plastique, mais aucun substitut acceptable n'a été mis au point pour remplacer les CFC des circuits de climatisation.

Les fluides frigorigènes des climatiseurs d'automobile sont beaucoup plus destructeurs que ceux des climatiseurs domestiques. En outre, des fuites importantes ne sont pas rares. Jusqu'à tout récemment, au moment de la mise au point d'un climatiseur d'automobile, on se contentait de laisser s'évaporer le vieux fluide pour le remplacer par du neuf. Les CFC s'échappaient aussitôt en direction de la stratosphère où ils continuent encore de gruger la couche d'ozone. Cette pratique pourrait bientôt être rendue illégale en de nombreux endroits.

• **Le smog:** C'est une ironie du sort que l'ozone, ce gaz dont nous avons tant besoin dans les couches supérieures de notre atmosphère, soit une des principales composantes du smog que nous respirons. Au contact de la lumière solaire, les gaz d'échappement des véhicules automobiles produisent de l'ozone.

61

Le taux d'ozone atteint son maximum aux heures de pointe des jours chauds de l'été. Malheureusement, cet ozone ne peut s'élever assez haut dans l'atmosphère pour remplacer celui que nous détruisons. Dans un cas comme dans l'autre, nous sommes perdants.

62 *Environ 75 p. 100 de tous les polluants producteurs d'ozone proviennent des circuits d'échappement des automobiles.*

Le smog peut causer des lésions aux poumons et leur vieillissement prématuré, ainsi que diverses maladies respiratoires. Il provoque aussi des dommages dans les récoltes. Quiconque a tenté d'inspirer l'air épaissi des grands centres un jour de canicule en connaît tous les désagréments.

Selon le docteur Robert Day, spécialiste des problèmes de santé dus à l'environnement de l'American Lung Association, une exposition prolongée à des concentrations d'ozone équivalant à aussi peu que deux parties par milliard est suffisante pour affecter les poumons d'un enfant. Le niveau de pollution autorisé par le gouvernement est de beaucoup supérieur.

• **L'intoxication par le plomb:** Nous connaissons bien le danger d'empoisonnement que représente le plomb. Les Romains de l'Antiquité, qui buvaient dans des gobelets de plomb, en étaient atteints. On a même émis l'hypothèse selon laquelle l'intoxication massive du peuple par le plomb aurait entraîné la chute de l'Empire romain. Nombre d'explorateurs, notamment ceux qui participèrent à la célèbre expédition Franklin, ont été empoisonnés par le plomb de soudure de leurs boîtes de conserve. Les peintres en bâtiment souffraient naguère d'intoxication en raison du plomb contenu dans la peinture. Aujourd'hui, quand les circuits de plomberie de nos maisons modernes sont faits de tuyaux en cuivre soudés au plomb, nous devons, le matin, faire couler l'eau accumulée dans les tuyaux pendant la nuit.

Les premiers symptômes d'intoxication par le plomb sont vagues et vont de la fatigue, de l'inappétence et de l'irritabilité aux troubles du sommeil et aux modifications du comportement. Une intoxication plus grave peut provoquer des vomissements, des pertes de conscience, des convulsions et même le coma. L'absorption de plomb sur une longue période peut affecter la croissance normale du cerveau chez les jeunes enfants et être cause d'hypertension chez les adultes. Les systèmes nerveux et digestif peuvent également être atteints, de même que les reins, et la victime peut être saisie d'une grande faiblesse.

Pourtant, nos véhicules automobiles ont craché du plomb pendant des années. Nous avons utilisé le plomb tétraéthyle pour élever le niveau d'octane de l'essence sans en prévoir les consé-quences dramatiques. Le plomb, qui demeure un problème grave dans les pays du Tiers-Monde, est peu à peu banni en Amérique du Nord. Il se pourrait cependant que les additifs par lesquels nous remplaçons le plomb dans l'essence soient égale-ment nocifs. Les États-Unis ont banni le MMT, une substance de renfort d'octane, mais continuent de l'exporter au Canada. Puisque la majorité des Canadiens habitent à moins de 325 km des frontières américaines, le MMT pollue nos deux pays. Nous employons aussi des hydrocarbures aromatiques dont la combus-tion peut produire des agents cancérigènes.

• **L'obsolescence intégrée:** L'appétit de l'industrie auto-mobile pour les matières premières est féroce. Outre l'acier, nos véhicules peuvent contenir du fer, du cuivre, du bronze, du nickel, du tungstène, du zinc, du cadmium, du chrome, de l'alu-minium, du plomb, du plastique, du tissu, de la mousse et du verre. On éventre de grandes superficies pour construire des usines, certes, mais aussi pour y puiser les matériaux bruts nécessaires à la fabrication de voitures.

Les fluctuations de la mode ont toujours poussé notre société hiérarchisée à la surconsommation. La longueur variable des ourlets et la largeur variable des cravates ont assuré l'affluence de la clientèle dans les magasins de vêtements. Les constructeurs de véhicules automobiles, eux, ont fait un pas de plus. En datant leurs véhicules et en modifiant leur machinerie

63

pour produire chaque année de nouveaux modèles, ils ont fait en sorte que votre automobile neuve se déprécie considérablement dès sa sortie de chez le concessionnaire.

Il est bien sûr de l'intérêt du manufacturier de s'assurer que votre voiture durera assez longtemps mais pas trop, afin que vous vous en procuriez une nouvelle bien en deçà d'un laps de temps de dix ans. Si nos réfrigérateurs ou nos lessiveuses tombaient en décrépitude aussi vite que nos automobiles, nous jetterions les hauts cris. Mais puisqu'un réfrigérateur et une lessiveuse de 1986 ne se différencient guère d'un réfrigérateur et d'une lessiveuse de 1990, ils sont fabriqués pour durer.

64 *Que faire*

Dix fois au cours de l'été, quand il fera beau, n'utilisez pas votre voiture pour vous rendre au travail.

La première mesure que nous puissions adopter — et la plus importante — consiste à réduire l'utilisation que nous faisons des véhicules automobiles. C'est aussi pour certains d'entre nous la chose la plus difficile qui soit. Les urbanistes ont fait en sorte qu'il soit plus facile de se déplacer en ville en voiture que d'emprunter les transports publics; par conséquent, ne pas prendre la voiture semble une épreuve au-dessus des forces de beaucoup de gens. Mais si nous nous engagions tous, pendant une semaine et demie chaque année, à nous déplacer autrement qu'en automobile, nous changerions les choses du tout au tout.

Définissez un rayon en deçà duquel
vous ne prendrez pas la voiture.

La limite peut se situer à trois rues ou à six rues de chez vous; c'est vous qui la fixez. Le dépanneur le plus proche se trouve à cinq rues de la maison. C'est une excellente zone-test pour notre famille, car parfois nous avons besoin de lait tout de suite, mais nous ne voulons pas prendre le temps de marcher jusqu'au magasin. Nous nous efforçons maintenant de combiner la promenade et les courses, et de planifier pour éviter les urgences. Parfois, nous montons à bicyclette. Caroline a fini par accepter que nous n'allions pas toujours au magasin en voiture. En effet, nous lui offrons de temps en temps une petite gâterie en arrivant au magasin, sauf si nous nous y rendons en auto.

65

Prenez la peine de conduire la voiture jusqu'à un garage qui
acceptera de recycler votre huile de vidange.

L'huile de vidange n'est pas uniquement en soi un polluant, elle contient de dangereux métaux lourds, de l'arsenic, du benzène et du plomb qui, tous, contaminent le sol et peuvent s'infiltrer dans nos réseaux hydrauliques. De nombreux garages récupèrent leur propre huile usée pour la traiter; ils acceptent en général celle de leurs clients. Consultez votre mécanicien. Dans certaines villes, vous pouvez apporter votre huile de vidange à un dépôt central. Renseignez-vous auprès des services de votre municipalité. Si vous ne vidangez pas vous-même l'huile du moteur de votre voiture, demandez à votre garagiste ce qu'il fait de l'huile usée. Encouragez les garages qui recyclent l'huile de vidange. Si vous ne pouvez faire recycler votre huile ou si vous effectuez vous-même la vidange, ne jetez pas l'huile usée comme vous jetteriez un déchet ordinaire, mais comme un déchet toxique.

Choisissez de l'huile recyclée pour votre moteur.

66

L'huile du moteur doit être vidangée à intervalles réguliers, non pas parce qu'elle s'use, mais parce qu'elle devient sale. L'huile recyclée a été nettoyée et traitée; elle équivaut à de l'huile neuve. La plupart des manufacturiers approuvent son utilisation pour l'entretien de leurs véhicules. Si vous avez une voiture neuve, consultez la garantie du manufacturier. Si vous faites effectuer la vidange chez un mécanicien, demandez-lui d'utiliser de l'huile recyclée. Vous protégerez ainsi l'environnement et vous économiserez une ressource pétrolière non renouvelable.

Passez-vous de voiture pendant une semaine.

Que fait-on lorsque la voiture est en réparation? On s'en passe. Voyez si votre famille peut se passer de la voiture pendant une semaine. Choisissez une période de beau temps et récompensez tout le monde quand les sept jours seront écoulés.

Garez la voiture avant d'arriver à destination.

Si vous devez vous rendre à 20 rues de chez vous, empruntez la voiture pour les premières 15 ou 16 rues, et faites le reste à pied. Vous arriverez tout ragaillardi après cet exercice, et vous protégerez l'environnement tant à l'aller qu'au retour. Donnez-vous tout le temps voulu pour ne pas arriver en retard à votre rendez-vous.

67

*Rendez-vous à au moins une de vos destinations
habituelles à bicyclette.*

Quand j'ai fait mes premières interventions radiophoniques sur l'environnement, je me rendais très tôt le matin au studio en voiture. Mais quand j'ai parlé de voitures pour la première fois dans le cadre de ma chronique, je me suis rendu compte que je perdrais toute crédibilité si je prenais ma voiture pour venir dire aux auditeurs de laisser la leur à la maison. Je décidai sur-le-champ de me rendre au studio à bicyclette, et c'est ce que je fais depuis. Je suis tellement touchée par les effets de l'automobile sur l'environnement que j'utilise de plus en plus ma bicyclette. Mon vélo n'est pas luxueux. C'est une vieille bécane de 15 ans dont deux seulement des 10 vitesses d'origine fonctionnent encore. Mais il me convient très bien et, comme je passe presque toutes mes journées assise à un bureau, pédaler me procure un excellent excercice.

Si vous allez toujours au bureau de poste en voiture, pourquoi ne pas décider que dorénavant vous vous y rendrez — ou au dépanneur, ou chez le nettoyeur, ou à la banque — à bicyclette? Que diriez-vous d'instituer la «Semaine au travail à vélo»? Vous pourriez suggérer à votre employeur d'installer des supports sécuritaires pour les bicyclettes des employés. Une société qui fournit des espaces de stationnement pour les voitures doit pouvoir en fournir pour les vélos.

68

Achetez une voiture plus petite.

Vous achetez une nouvelle voiture? Achetez-en une petite. Une petite voiture requiert moins de matériaux et consomme moins d'essence. De nos jours, même les voitures de luxe sont plus petites. Si vous avez l'habitude des automobiles longues comme des terrains de football, vous découvrirez sans doute le plaisir de la mini. Après avoir conduit une immense voiture de luxe pendant des années, mon père déplorait amèrement que les modèles récents soient pourvus d'un si petit empattement. Mais sitôt qu'il eut acheté une voiture plus petite, il fut séduit. Il adore pouvoir se faufiler partout et se garer sans problème. En prime, l'essence lui coûte moins cher.

Optez pour un véhicule à faible consommation.

Si votre auto nécessite plus de 10 litres d'essence pour parcourir 100 km, il se peut que votre voiture soit trop grosse, que vous conduisiez trop vite, ou qu'une mise au point s'impose. Visez un rendement de 8 litres aux 100 km pour votre nouvelle voiture. Il y a bien sûr des tas de facteurs à prendre en considération à l'achat d'une auto neuve, mais sa faible consommation d'essence devrait être l'un des premiers de la liste. Vous trouverez probablement les classifications gouvernementales à la bibliothèque, ou alors consultez l'annuaire du téléphone pour trouver le numéro des services du ministère des Transports les plus près de chez vous, qui sauront sûrement vous aider.

69

Économisez l'essence en utilisant les automobiles familiales en fonction de la distance à parcourir et de la consommation d'essence de chacune.

Vous avez deux voitures? La personne qui doit parcourir la plus longue distance reçoit la voiture la plus économique. Pas de discussion. Cela n'a aucun sens si la personne qui doit se rendre à 10 rues emprunte la mini et que la personne qui doit parcourir huit kilomètres utilise l'avaleuse d'essence.

Vous faisiez le contraire? Vous verrez qu'en changeant vos habitudes, vous paierez moins cher d'essence.

Optez pour des pneus radiaux.

Des pneus plus efficaces sont moins nocifs pour l'environnement de deux façons. D'une part, puisque vous n'avez pas à les remplacer aussi souvent, vous réduisez la perte en ressources naturelles, de la construction à la mise au rebut. D'autre part, vous diminuez votre consommation d'essence et, par conséquent, les émissions de carbone et tout ce qui s'ensuit. Enfin, les pneus à carcasse radiale adhèrent mieux à la route que les pneus à carcasse diagonale.

Chaque mois, prenez deux minutes pour vérifier le gonflage de vos pneus, surtout quand la température fluctue.

70 Observez les instructions du fabricant pour gonfler vos pneus de manière à obtenir un rendement maximum. Des pneus mal gonflés s'usent plus vite et augmentent la consommation d'essence.

Faites équilibrer vos pneus pour en corriger les points d'inégalité.

Des pneus mal équilibrés provoquent des vibrations à haute vitesse et augmentent la consommation d'essence.

Vérifiez l'alignement des roues

Un défaut d'alignement de 1/2 degré équivaut à traîner un pneu de côté sur une distance de 13,1 km pour chaque 1500 km de conduite. Un mauvais alignement influe sur la consommation d'essence et accélère l'usure des pneus.

Faites marcher vos doigts deux minutes pour dénicher une entreprise de recyclage des vieux pneus dans votre région.

71

Les entreprises de recyclage des vieux pneus achèteront parfois les pneus que vous leur apporterez ou viendront les cueillir à domicile. Le recyclage des vieux pneus est de plus en plus difficile en raison des matériaux employés et des techniques de fabrication des pneus de qualité supérieure. Mais vous trouverez peut-être une entreprise de recyclage près de chez vous.

Mettez deux minutes de plus à vous rendre à destination: ralentissez pour économiser l'essence.

En ralentissant, vous réduirez votre consommation d'essence ainsi que l'émission de poisons contenus dans les gaz d'échappement, tels que l'oxyde de carbone et les hydrocarbures. Faites le compte: si vous roulez à 115 km/h et que votre voyage dure une heure, en roulant à 100 km/h il ne vous faudra pas plus d'une heure et 10 minutes pour arriver à destination. Sur des distances plus courtes, la différence est minime. Vous augmentez votre consommation d'essence de 20 p. 100 en roulant à 115 km/h au lieu de 90 km/h. La vitesse ne fait pas que tuer; elle affecte notre environnement.

Démarrez le moteur deux minutes plus tard. Attendez
que tout le monde soit prêt.

Réglez toutes les formalités de départ avant d'allumer le contact.
Rangez vos sacs d'épicerie et vos colis, enfilez votre manteau et
vos gants, chaussez vos verres fumés, ajustez vos rétroviseurs et
votre ceinture, placez la cassette dans le lecteur et installez vos
passagers.

72

       Chaque minute passée à laisser tourner le moteur signifie
plus de poisons dans l'air et plus de combustion de carbone. Les
experts sont tous d'accord pour dire que, même par temps froid,
quelques secondes suffisent à réchauffer le moteur suffisamment
pour faire avancer la voiture — lentement. Même si l'air en
provenance de la chaufferette n'est pas chaud sur-le-champ,
votre moteur, lui, est prêt. Et pensez à ne pas laisser tourner le
moteur pendant que votre passager court au magasin. Fermez le
contact.

Utilisez moins souvent le climatiseur de l'auto.

Les climatiseurs consomment de l'essence. Est-il vraiment nécessaire de rafraîchir l'air ambiant au point de devoir porter un
tricot en plein été? Inventez des façons amusantes de ne pas
mettre la climatisation en marche. Faites participer les enfants.
Voyez jusqu'où vous pouvez conduire sans climatiseur.
Jusqu'au prochain édifice rouge? Jusqu'à ce que l'un de vous
aperçoive une plaque minéralogique comportant le lettre «Z»?
Ou alors, donnez une minute d'air frais à la première personne
qui voit une cycliste coiffée d'un casque protecteur noir.

Si votre déplacement ne dure que 20 minutes ou même moins, vous pourriez peut-être ne pas utiliser le climatiseur du tout. Tous les participants consentants reçoivent une glace en récompense. Les ronchonneurs en sont privés.

*Affichez un avis de covoiturage sur
le babillard du bureau.*

73

Si vous habitez un immeuble à logements multiples ou si vous travaillez dans une tour, il y a de fortes chances pour que le covoiturage soit possible. Mentionnez les grandes intersections les plus près de votre domicile ou de votre lieu de travail, vos horaires de départ et votre numéro de téléphone au bureau. Quand deux personnes partagent un véhicule, elles économisent la moitié de l'essence et des frais de stationnement. Pensez au covoiturage pour vous rendre à l'église, à l'école, à vos réunions, à vos activités et à vos classes parascolaires.

Certains parcs de stationnement offrent des rabais aux conducteurs de voitures transportant plus d'une personne. Si vous travaillez pour une firme importante, demandez à la direction si elle accepterait d'accorder des primes ou des bonis aux covoitureurs. Ce serait excellent pour l'image de la compagnie.

*Deux minutes suffisent pour trouver, dans l'annuaire, un
garage qui vous permettra de nettoyer puis
de réutiliser votre antigel.*

Plusieurs municipalités édictent des règlements interdisant de jeter l'antigel, mais selon des sources sûres, on n'en tient pas beaucoup compte. Un mécanicien m'a dit que l'on jette habituellement l'antigel à l'égout en dépit des lois qui exigent qu'on le dépose dans un réservoir comme tout autre déchet toxique. L'antigel utilisé, composé d'éthylène-glycol mélangé à de l'eau, est en lui-même un déchet toxique. Mais pis encore, l'antigel contient des métaux et d'autres résidus qui contamineront notre eau si on le déverse dans l'égout. C'est en raison de la présence de ces matières toxiques que nous devons régulièrement changer l'antigel de nos véhicules.

74

De plus en plus de garages et aussi de plus en plus de concessionnaires Ford offrent un nouveau service à leur clientèle. Un mécanicien transvide votre antigel dans un appareil d'épuration où il est débarrassé des matières corrosives et des métaux, puis il le remet dans le radiateur. L'antigel ainsi épuré est aussi propre, plus propre même, que du neuf.

Plus propre? Oui. Avant la mise au point de ce système de traitement, environ 25 p. 100 de votre antigel échappait à la vidange et restait dans la voiture. Maintenant, de l'air comprimé propulse 95 p. 100 de l'antigel hors du système pour le nettoyer. On lui ajoute ensuite de nouveaux additifs aux propriétés lubrifiantes et anticorrosives. Demandez à votre mécanicien s'il peut vous offrir ce service et, sinon, demandez-lui quand il le pourra.

Les fabricants d'antigel ont, bien entendu, beaucoup discrédité ce système et prétendu qu'il entraînerait toutes sortes d'ennuis mécaniques. Mais Ford y croit et espère que la plupart de ses concessionnaires l'offriront à leurs clients. Relisez votre garantie. Un garagiste m'a déclaré ne plus commander que 1200 litres d'antigel par année au lieu de 5 000 depuis l'installation de cet appareil d'épuration. Ce n'est pas étonnant que les fabricants n'en veuillent pas.

Nettoyez et réutilisez le fluide frigorigène du système
de climatisation de votre voiture.

Vous pouvez recycler le fluide frigorigène du climatiseur de votre auto. Les constructeurs de voitures ne se sont pas précipités pour trouver un substitut au R-12 (réfrigérant 12), un agent refroidisseur très dommageable utilisé dans les systèmes de climatisation des automobiles. C'est l'un des pires destructeurs de la couche d'ozone. Les climatiseurs de voitures ont souvent des fuites et doivent être remplis de réfrigérant environ deux à trois fois pendant leur vie.

75

De nombreux garages disposent maintenant d'équipement capable de recueillir et de recycler le réfrigérant. Demandez à votre mécanicien d'épurer le fluide frigorigène quand vous faites mettre votre climatiseur au point. S'il n'est pas en mesure de le faire, trouvez un autre mécanicien. General Motors a commencé à équiper des centaines de ses concessionnaires de ce système de recyclage. Votre climatiseur devrait être vérifié tous les ans et purgé de sa vapeur d'eau. Ne remplissez pas complètement le système de climatisation avec du réfrigérant en boîte (banni en de nombreux endroits). Faites colmater toutes les fuites au lieu de vous contenter de remplacer le gaz perdu.

Rendez-vous à une station-service qui vend un autre
carburant, par exemple le gasohol, un mélange
d'alcool et d'essence.

Si des carburants «renouvelables» sont disponibles dans votre région, essayez-les. (Un carburant renouvelable est un carburant dont les matières premières ne s'épuiseront pas si on sait les gérer.) En voici quelques-uns.

• **L'éthanol:** L'éthanol est un alcool produit à partir de diverses substances végétales telles que le maïs et les céréales de qualité inférieure, les tiges de blé d'Inde et la paille de blé. L'avantage de l'éthanol est qu'il ne produit pas, en brûlant, plus de carbone que n'en a absorbé le grain pendant sa croissance: c'est un circuit fermé. La combustion d'éthanol pur n'intensifierait pas, en principe, l'effet de serre et pourrait même abaisser dans certaines circonstances le seuil d'anhydride carbonique dans l'atmosphère. En pratique, l'éthanol est habituellement mélangé à l'essence.

76

Les carburants à base d'alcool réduisent en outre les émissions d'hydrocarbures et de monoxyde de carbone des systèmes d'échappement — on sait quel rôle jouent ces monstres écologiques dans la production d'ozone.

Le mélange d'essence et d'éthanol rehausse l'indice d'octane et le degré de puissance des véhicules. Les moteurs actuels peuvent l'utiliser sans modification, et il a été approuvé par tous les constructeurs d'automobiles. Les manuels de l'utilisateur de certains nouveaux modèles — notamment ceux des modèles 1990 de General Motors — vont jusqu'à le conseiller.

La production locale d'éthanol réduirait notre dépendance envers les produits du pétrole, garantirait un marché soutenu aux récoltes de céréales et diminuerait le chômage dans les zones rurales. Les aliments pour animaux sont un dérivé important, riche en protéines, de la production d'éthanol; leur production serait aussi très profitable à l'agriculture.

On trouve facilement des carburants à l'éthanol aux États-Unis, car le gouvernement subventionne la production et la distribution de carburants renouvelables. Malheureusement, le gasohol, comme on appelle le mélange essence-éthanol, n'est pas disponible partout au Canada. Seules les provinces de l'Ouest, soit la Colombie-Britannique, l'Alberta, la Saskatchewan et le Manitoba, sont desservies par Mohawk Fuels, le plus important producteur de carburants à l'éthanol. Recherchez ses stations-service dans l'Ouest canadien.

En 1988, les ventes de carburants à l'éthanol représentaient 8 p. 100 du total des ventes de carburants aux États-Unis. Depuis 1979, les Américains ont parcouru plus de 1000 milliards de kilomètres grâce aux carburants à l'éthanol, alors que les Canadiens n'ont parcouru que 5 milliards de kilomètres environ.

• **Le gaz propane et le gaz naturel:** Ces deux gaz sont très sollicités pour remplacer l'essence parce que leur combustion est beaucoup plus propre et produit beaucoup moins d'oxyde de carbone, d'hydrocarbures et d'oxydes d'azote que l'essence. Mais le gaz naturel produit du méthane, qui contribue à l'effet de serre. Bien qu'il y en ait encore une quantité suffisante, le gaz propane et le gaz naturel sont eux aussi des carburants fossiles non renouvelables. Ils ont été formés naturellement il y a des millions d'années. Ils ne peuvent être produits. Tout comme l'essence et le pétrole duquel elle est tirée par raffinage, quand il n'y en aura plus, il n'y en aura plus.

Un autre handicap à leur utilisation est que les véhicules doivent être convertis pour fonctionner au gaz propane et au gaz naturel, ce qui augmente leur coût de 2000 $ à 2500 $. Enfin, on n'en trouve pas partout.

• **Le méthanol:** Le méthanol est aussi un carburant à l'alcool, comme l'éthanol. Il brûle proprement et rehausse l'indice d'octane si on le mélange à l'essence. Pour fonctionner au méthanol pur, les véhicules doivent cependant être convertis. Comme le méthanol produit moins d'oxydes d'azote, il contribue moins que l'essence à l'acidification des pluies. Les émissions d'oxyde de carbone sont également moindres, mais le méthanol produit d'autres polluants qui pourraient contribuer à la formation de l'ozone. Contrairement à l'essence, le méthanol n'émet pas d'anhydride carbonique.

Les mélanges de méthanol et d'essence sont sans doute moins performants à haute vitesse que les mélanges d'essence et d'éthanol. En outre, on doit leur ajouter un dissolvant, par exemple de l'éthanol. Le méthanol est dérivé du gaz naturel, une ressource non renouvelable.

• **Le diesel:** Le diesel est dérivé du pétrole et n'est pas non plus renouvelable. Le moteur diesel est néanmoins plus efficace qu'un moteur à combustion d'essence, particulièrement en conduite urbaine, et il permet d'économiser le carburant. Un moteur diesel durera aussi plus longtemps, ce qui suppose une économie des ressources nécessaires à sa fabrication.

Toutefois, les moteurs diesel produisent de la suie et des vapeurs nocives. La situation est pire pour les camions que dans les cas des voitures; les deux types de véhicules subissent à l'heure actuelle des transformations visant à corriger cette situation. Si l'on arrive à contrôler la production de suie et de vapeurs, les voitures diesel pourraient bien devenir les voitures de prédilection des environnementalistes.

Conduire une automobile est un privilège et un luxe destiné à être partagé par deux personnes ou plus. Tous les cinq ans, la planète s'encombre d'environ 100 millions de véhicules supplémentaires.

Explorez le monde à pied ou à bicyclette. Au moins une fois par semaine ou par mois, ou au moins une fois dans votre vie, marchez pour vous rendre au travail, allez-y à vélo ou choisissez les transports en commun.

78

CHAPITRE 5

LE SUREMBALLAGE

Il est pratiquement impossible de nos jours de se procurer certains articles sans emballage. On ne peut acheter de lames de rasoir, de piles, de savon, de vis ou de dentifrice sans devoir en jeter l'emballage dès qu'on arrive à la maison. Avez-vous déjà acheté des bas de nylon ou des collants sans enveloppe ni carton? Et que dire des gros articles tels que les appareils électriques, du grille-pain au réfrigérateur? Avez-vous déjà essayé d'en trouver un qui ne vienne pas dans une boîte?

79

Certaines choses doivent être emballées. On ne saurait transporter des brisures de chocolat dans notre chapeau, ou de la farine dans notre jupe — on le pourrait, mais il y a peu de risques qu'on le fasse. (Comme nous le verrons plus loin, rien ne nous oblige à acheter des brisures de chocolat ou de la farine préemballées.) L'emballage des petits articles, des liquides ou des poudres facilite leur transport.

On emballe aussi les articles pour d'autres raisons. Les médicaments et les lames de rasoir par précaution; les jus et les conserves pour les préserver; les ampoules électriques et autres articles fragiles pour prévenir les bris. J'imagine que nous devrions être reconnaissants à l'industrie de l'emballage de nous fournir les contenants appropriés. Mais l'emballage est devenu si populaire qu'il a fini par être utilisé à de bien moins nobles fins.

La proportion d'emballages dans les ordures s'est accrue de 80 p. 100 depuis 1960.

Les fabricants de produits d'emballage ont convaincu les grossistes et les détaillants de ce qu'un emballage plus sophistiqué contribuerait à une réduction des vols, de la manipulation, des bris, des pertes, de l'altération et du frelatage. Parallèlement, ils multipliaient les formats, les styles et les sortes d'emballages. L'emballage devenait un outil de promotion. Le design faisait autant partie de la publicité au sujet d'un article que l'article lui-même. La mention «Amélioré» désigne souvent à peine plus qu'un emballage plus sophistiqué. En outre, de plus en plus d'emballages contiennent un autre emballage à l'intérieur du premier.

80

Pour votre commodité, on vous vend maintenant des tranches de fromage enveloppées individuellement dans du plastique; tous ces petits paquets de plastique sont enveloppés ensemble dans un plastique plus grand. Vous achetez des savonnettes enfouies dans un emballage de plastique ou de papier qui comporte lui-même souvent une doublure de papier, puis enveloppées par paquets de quatre ou six dans un autre morceau de plastique. Vous pouvez acheter des cassettes dans une boîte en plastique dur enveloppée de carton et souvent d'une pellicule de plastique. Les médicaments pour les rhumes ou les maux de tête ont plus de couches d'emballage qu'un oignon n'a de pelures. Il y a d'abord un fond de papier, puis un fond de feuille d'aluminium, puis des bulles en plastiques pour chaque comprimé, et le tout est enfilé dans un boîte de carton.

Qu'advient-il de tous ces emballages? J'ai assez de ressources pour trouver à recycler à peu près n'importe quoi, mais j'avoue que certains emballages me donnent des maux de tête. Je n'arrive pas à savoir quoi faire des feuilles de plastique pour tranches de fromage, ni de l'emballage des piles, ni du carton auquel sont attachés les accessoires du boyau d'arrosage. Dès que ces produits quittent le magasin, ils se transforment en ordures.

En Amérique du Nord, les produits d'emballage constituent 50 p. 100 du volume d'ordures non dégradables des municipalités. Les Canadiens, suivis de près par les Américains, produisent plus de déchets que n'importe qui d'autre au monde, soit 2 kg par personne par jour. Et les Américains génèrent annuellement plus de 120 000 000 000 de kg d'ordures.

Dans quelle proportion vos déchets se composent-ils d'emballages jetables?

L'impact de l'excès d'emballage sur l'environnement peut ne pas être évident à première vue. La fabrication d'emballages est une industrie manufacturière. Pour emballer des articles dans du verre, du plastique, du papier ou du métal, il faut d'abord extraire les matières premières du sol, contribuant ainsi à l'épuisement des ressources naturelles. Puis il faut produire de l'énergie pour permettre la fabrication de ces matériaux, créant par le fait même des dérivés toxiques qui se déversent ensuite dans notre eau et nos égouts.

Une fois les emballages fabriqués, il faut les transporter, d'abord chez le grossiste qui doit les remplir, puis chez le détaillant qui vend les emballages pleins, puis chez le consommateur qui achète d'un coup et le produit et l'emballage, et enfin au dépotoir ou à la décharge publique où on jette les emballages vides loin des yeux, loin du cœur.

Mais tout ne s'arrête pas là.

Il se peut que certains emballages soient toxiques. Les dioxines qui résultent de la fabrication de produits en papier blanchi ont fait craindre la contamination du lait et d'autres produits vendus dans des contenants en carton.

La décomposition de certains articles d'emballage (comme d'autres déchets) dans les sites d'enfouissement et leur incinération peuvent faire naître des dérivés toxiques. Les déchets toxiques qui s'échappent des lieux de décharge peuvent s'infiltrer dans les sources et les nappes d'eau souterraines. L'incinération peut à la fois produire des émissions d'air toxique et des cendres empoisonnées.

81

Les déchets de matière plastique sont dangereux pour la vie animale. D'après une étude de la Société mondiale pour la protection des animaux, chaque année, plus de deux millions d'oiseaux, de tortues, de baleines, de dauphins et de phoques s'empêtrent dans des débris de plastique flottants ou les confondent avec de la nourriture.

82

Des détritus, composés à 65 p. 100 d'emballages divers, détruisent la beauté naturelle de nos parcs, de nos plages, de nos rues et de nos régions sauvages.

Nos sites d'enfouissement des déchets, bientôt remplis à pleine capacité, occupent des espaces qui, dans d'autres circonstances, pourraient abriter la vie ou être cultivés. Une fois le site plein, l'utilisation qui peut être faite du sol est restreinte en raison des problèmes potentiels liés aux ordures.

Ce sont le consommateur et le contribuable qui assument les coûts inhérents à ces problèmes.

Que faire

*Rapportez moins d'ordures du supermarché
à la maison.*

Commençons par le commencement: votre panier à provisions est vide. Au lieu de recycler davantage, commençons par produire moins d'ordures. Quelle proportion de tel produit consiste en emballage? Quelle proportion de cet emballage est nécessaire? Vous faut-il absolument un produit suremballé? Existe-t-il un produit similaire dont l'emballage serait moindre?

Supposons que j'achète une lame pour scie à métaux ou une prise électrique. À la quincaillerie, on peut trouver ces articles dans des emballages à bulle sur un fond de carton. On peut aussi les trouver en vrac dans des compartiments. Je choisis toujours parmi les articles présentés en vrac. Souvent les prix sont équivalents, mais il m'est quand même parfois arrivé de payer plus cher un article sans emballage. Vous pouvez penser de moi ce que vous voulez, mais je tiens compte des coûts cachés de l'emballage. Je suppose donc que si je me procure un article non emballé, j'en obtiens plus pour mon argent.

Dans le même ordre d'idées, venons-en au fromage en tranches enveloppées individuellement. Pour une fois, allez à la fromagerie du supermarché et demandez que l'on vous tranche du fromage. Vous aurez ainsi des tranches de fromage, sans emballage inutile. Il se pourrait même que vous préfériez le goût du fromage de la fromagerie à celui du fromage préemballé.

Parlons des chaussettes, maintenant. Est-il nécessaire que vous les achetiez en paquets de six enveloppées dans du plastique? Pourriez-vous acheter les même six paires encerclées d'une bande de papier? Mieux, pourriez-vous en acheter six paires sans emballage d'aucune sorte?

Et maintenant, les produits de beauté. Pouvez-vous trouver une crème pour les mains vendue dans un seul contenant plutôt que dans une petite vasque à l'intérieur d'un pot à l'intérieur d'une boîte?

Apportez votre propre sac à provisions ou votre propre boîte au supermarché.

Voilà une belle façon d'éliminer les détritus. Supposons que vous vouliez acheter cinq bananes, quatre pommes, une grappe de raisins et un pain. Combien de sacs en plastique sortiront avec vous du magasin? Un pour les bananes, un pour les pommes, un pour les raisins, un pour le pain, et enfin un ou même deux grands sacs pour contenir tous les autres.

Mais cela représenterait une bien petite commande d'épicerie pour une grosse famille. Multipliez le nombre de sacs par la quantité réelle de vos achats, puis par le nombre de fois où vous faites les emplettes dans une année. À la fin de l'année, ce sont des centaines de sacs en plastique que vous rapportez à la maison. (En fait, je suis persuadée qu'il y a une montagne de sacs quelque part chez vous, dans le tiroir à sacs, l'armoire à sacs ou le sac à sacs. Et il y a sans doute là un si grand nombre de sacs que le tiroir, l'armoire ou le sac ne ferme plus.) Et vous n'êtes qu'*un* consommateur parmi tant d'autres.

Choisissez plutôt le scénario suivant: arrivez au supermarché munis de vos propres sacs, les sacs transparents pour les fruits et les légumes et les sacs ordinaires à poignée.

Vous serez surpris du petit nombre de sacs dont vous aurez besoin. Par exemple, je ne sépare pour ainsi dire jamais les pommes ou les autres gros fruits ou légumes des autres victuailles. Je les dépose directement dans mon panier, avec les oranges et le chou-fleur. Si j'en achète une grande quantité, il se peut que je les emballe dans un des sacs que j'ai apportés, mais pas si je n'en achète qu'un demi-douzaine.

Ne craignez pas d'avoir l'air bizarre ou excentrique. Lorsque j'ai commencé à apporter mes propres sacs au supermarché, il y a 15 ou 20 ans, il me fallait discuter fort et longtemps simplement pour qu'on m'autorise à m'en servir. Je me souviens même d'avoir été presque mise à la porte par un gérant persuadé que je faisais là l'essai d'une nouvelle technique de vol.

De nos jours, cela ne surprend plus personne. De nombreux magasins vous y incitent même puisque vous leur faites ainsi économiser sur le coût des sacs. Les propriétaires de petites épiceries me remercient toujours d'apporter mes sacs ou mes boîtes.

Quelques supermarchés ont fini par se rendre compte que les «sacs gratuits» ne le sont pas vraiment. Quelqu'un doit les payer. Dans certains magasins, les clients doivent maintenant les acheter. Dans d'autres, il arrive que le magasin remette 3 cents ou 5 cents au client qui apporte ses propres sacs. Ailleurs, on fournit des boîtes de carton aux clients, tandis que chez certains marchands on vous donnera une boîte en plastique en échange d'un petit dépôt. Toutes ces solutions sont valables et peuvent réduire la quantité de plastique et de papier qui encombre la planète. Voilà bien deux ans que je transporte mon épicerie dans les mêmes quatre ou cinq boîtes de carton et elles sont encore en bon état.

N'emportez pas vos achats dans un sac.

Et si vous oubliez d'apporter vos sacs quand vous allez faire vos emplettes? Ou si vous n'avez pas de sac «au cas où» dans la voiture? Si je n'achète qu'un ou deux articles, du pain et du lait au dépanneur, par exemple, je dis simplement: «Merci, je n'ai pas besoin de sac.» J'emporte mes achats comme ça, depuis des années, sans problème.

Certaines personnes croient que le sac est une preuve d'achat. Je ne crains pas qu'on me prenne pour une voleuse, car je ne cache jamais la marchandise. Je sors du magasin avec mes achats bien en vue, habituellement en tenant le coupon de caisse entre mes doigts. Combien de fois ai-je vu des gens acheter des lames de rasoir ou du dentifrice, articles déjà suremballés, et attendre que le commis mette l'article dans un sac pour le transporter ensuite à la maison où ils jetteront aussitôt le sac aux ordures? Pourquoi ne pas simplement le glisser dans leur poche ou leur sac à main avec le coupon de caisse, ou se contenter de le tenir dans leur main? Faut-il s'étonner, ensuite, de la quantité de déchets que nous produisons?

Recommencez à vous servir d'un rasoir non jetable. Les deux minutes passées à changer la lame sont sans prix.

Les rasoirs jetables représentent des montagnes de plastique de rebut. Les lames de métal pour rasoirs gaspillent moins de matière première et créent moins de déchets.

86

Prenez le temps de retourner un emballage inutile au manufacturier avec une lettre par laquelle vous lui expliquez que vous n'en voulez pas.

Dans votre lettre, dites au fabricant que son produit vous convient et que vous ne souhaitez pas cesser de vous le procurer, mais que c'est précisément ce que vous ferez s'il n'en modifie pas l'emballage. Mettez vos menaces à exécution. Le profit importe au manufacturier. Si son profit est en jeu, il tiendra compte de vos exigences.

Faites part de votre satisfaction à un directeur d'entreprise qui évite de suremballer ses produits.

Nous croyons parfois que les produits que nous aimons seront toujours à notre disposition. Mais si les commerçants ignorent que vous achetez leurs produits entre autres raisons parce qu'ils évitent de les suremballer, ils pourraient se laisser entraîner par la mode du suremballage.

Le même principe vaut pour les supermarchés, mais le message passe sans doute plus difficilement. En déposant le brocoli dans votre chariot, dites au gérant du département des fruits et légumes combien vous appréciez qu'on vous le vende sans emballage cette semaine. Cela ne fera pas de tort.

N'achetez pas de fruits et de légumes inutilement enveloppés.

Certaines choses me hérissent plus que d'autres, notamment de voir des noix de coco enveloppées dans du plastique. Ces noix ont des coquilles capables de supporter des voyages au long cours et qu'il faut casser à l'aide d'un marteau. Elles protègent la chair de l'intérieur mieux que n'importe quel emballage conçu par les humains. Pourtant, dans les supermarchés, les noix de coco sont souvent enveloppées de plastique. Les bananes posées sur des barquettes de styromousse et entourées d'une pellicule en plastique sont une autre absurdité de même nature. Les bananes poussent dans les arbres déjà vêtues d'une combinaison parfaitement biodégradable (et compostable!). Elles n'ont sûrement pas besoin de plastique.

Faites vos emplettes au marché ou dans une petite épicerie. Vous pourriez y trouver des laitues non enveloppées et du brocoli vendu sans barquette ni pellicule transparente.

Optez, dans l'ordre, pour la réduction du nombre d'emballages, la réutilisation et le recyclage.

Les boissons gazeuses sont offertes dans une extraordinaire variété de contenants: bouteilles en verre, consignées ou non, bouteilles recyclables ou non en plastique et cannettes recyclables. Que choisir?

88

Le mieux serait encore de ne rien choisir du tout, c'est-à-dire de ne pas acheter de boissons gazeuses. Mais si vous voulez en acheter, une deuxième option s'offre à vous: la réutilisation. Vous constaterez qu'un seul contenant peut répondre à cette exigence, soit la bouteille consignée en verre. Une bouteille en verre retournée et réutilisée ne serait-ce que quelques fois défie toute concurrence en matière de respect de l'environnement. Si vous n'en trouvez pas chez votre épicier, choisissez alors un contenant recyclable. Certaines municipalités recyclent les cannettes, ainsi que les bouteilles en plastique et en verre. Dans ce cas, le choix est restreint, puisque tant la fabrication du métal que celle du verre et du plastique sont dommageables pour l'environnement. Je choisirais d'abord le verre puisqu'il est totalement réutilisable, mais le plastique pesant moins lourd, son transport consomme moins d'énergie. Le recyclage de l'acier requiert 90 p. 100 de moins de matière première que sa fabrication à partir du fer et du charbon. Bien entendu, si votre municipalité ne recycle qu'un de ces trois produits, choisissez-le.

Autant que possible, achetez des produits en vrac.

Voilà un autre domaine où il est possible de réduire le suremballage. Apportez vos propres sacs lorsque vous achetez de la farine (ça vous évitera de la transporter dans votre jupe), de la nourriture pour les chats, des épices, des noix et des brisures de chocolat (ça vous évitera de les transporter dans votre chapeau). Nous achetons parfois le lait dans des sacs en plastique. Une fois rincés et asséchés, ils sont idéaux pour les produits en vrac. J'apporte aussi chez mon marchand des contenants en plastique dur pour le beurre d'arachide, le miel et les olives. Les contenants vides de yogourt, de margarine ou de fromage cottage sont parfaits pour cela.

89

***Gardez un sac à provisions dans la voiture
pour les emplettes imprévues.***

On vous téléphone juste avant que vous quittiez le bureau: «Passerais-tu acheter du lait en rentrant à la maison?» Ou bien, vous vous rappelez tout à coup avoir pris la dernière tranche de pain pour vous faire un sandwich et pensez qu'il vous faudra arrêter chez le boulanger. Je garde toujours un ou deux sacs sous le siège du conducteur. On ne les voit pas mais ils sont à portée de la main.

***Achetez de plus grosses quantités
de produits non périssables.***

Quand je vois des gens acheter de tout petits paquets de riz ou de lait en poudre ou d'autres produits similaires, je me demande pourquoi ils se donnent tant de mal. Si vous en avez les moyens et si vous disposez d'un garde-manger adéquat, achetez-en de plus gros paquets.

Achetez autant que possible des articles
de quincaillerie en vrac.

90

On trouve de plus en plus rarement des articles en vrac. Si vous dénichez un quincaillier qui vous vendra les neuf vis dont vous avez besoin plutôt qu'un paquet de douze vis dans un emballage jetable, soyez-lui fidèle. On incite les commerçants à protéger l'environnement en dépensant son argent chez ceux qui le font. En outre, comme je l'ai déjà dit, si vous achetez des clous, des rondelles et d'autres articles de quincaillerie en vrac, vous économiserez de l'argent.

Optez pour du dentifrice en tube
plutôt qu'en pompe.

Les pompes à dentifrice en plastique dur ne sont que des emballages sophistiqués quand ce qu'on veut c'est du dentifrice. Trouver du dentifrice qui ne soit pas suremballé est pratiquement impossible, mais la pompe n'est pas biodégradable, en plus de requérir plus de matière première et d'occuper plus d'espace dans les dépotoirs que les autres types d'emballage.

Procurez-vous un pinceau à lèvres.

Au lieu de jeter le tiers de votre rouge à lèvre qui reste au fond du tube, récupérez-le à l'aide d'un pinceau. Vous contribuerez à diminuer la quantité de produits chimiques utilisés par le fabricant et gaspillerez moins d'emballages inutiles.

Achetez un chargeur et des piles rechargeables.

Les piles contiennent des métaux lourds, des acides et d'autres produits chimiques qui en font l'un des plus grands producteurs de déchets toxiques. Vous ne devriez jamais les jeter avec vos ordures de cuisine, mais les conserver jusqu'à ce qu'ait lieu une cueillette de déchets toxiques, ou les apporter à un dépôt de déchets toxiques.

Mais, direz-vous, juste une ou deux petites piles, on peut bien les jeter, c'est moins compliqué, et puis, qui le saura? Mais si vous vous servez souvent de piles, vous pourriez causer de graves dommages à l'environnement. En outre, chaque fois que vous achetez des piles, vous achetez aussi leur emballage jetable avec fond de carton et bulle de plastique.

Il existe une meilleure solution. Un chargeur coûte de 15 $ à 20 $. Des piles rechargeables vous coûteront plus cher à l'achat que des piles non rechargeables, mais elles dureront des années. La dépense en vaut la peine. Quand ma fille Caroline avait trois ans, nous lui avons acheté un lecteur de cassettes à piles et quatre piles rechargeables. Cinq ans plus tard, ce sont les mêmes quatre piles qui font fonctionner l'appareil. Nous les avons rechargées des douzaines de fois et elles sont toujours aussi efficaces. Sans le chargeur, nous aurions dû acheter des douzaines de piles avec leur emballage, et il aurait fallu, tôt ou tard, les jeter. Bien entendu, le chargeur sert aussi à recharger les autres piles qu'on trouve dans la maison. Et le coût tant du chargeur que des piles rechargeables est amorti depuis longtemps.

Optez pour une poubelle plutôt que pour des sacs à ordures en plastique.

92

Les sacs à ordures ont été inventés pour répondre à un besoin inexistant. Comment ne pas rire quand on voit des gens acheter un article dans le but spécifique de le jeter? Je rirais bien si ce n'était pas, au fond, si pathétique. Encore une fois, en vous procurant une poubelle, vous amortirez très vite votre investissement initial.

Une poubelle dure des années, n'encombre pas les sites d'enfouissement et, en prime, les animaux n'y ont pas accès. N'oubliez pas non plus que si vous réduisez la quantité d'emballages inutiles que vous achetez, vous pourrez vous contenter d'une poubelle plus petite. Si vous habitez un appartement où l'on exige que les ordures soient mises dans des sacs, essayez le plus possible de réutiliser les sacs que vous ne pourriez pas éviter d'acheter, tels les sacs de farine ou de riz, les sacs de lait ou les grands sacs de nourriture pour chiens ou chats. Remplissez les grands sacs de plastique qui servent à emballer des lampes ou des oreillers. Évitez d'acheter des sacs en plastique uniquement pour y mettre des ordures.

Les fabricants aiment connaître l'opinion de leur clientèle, pas uniquement celle des spécialistes des sondages. Votre pouvoir d'achat peut être utile à la protection de l'environnement. Avertissez les manufacturiers et les commerçants que vous évitez tout produit qui dilapide nos ressources et surcharge la cueillette des ordures. Ils finiront bien par entendre raison.

CHAPITRE 6

SAVOIR ÉCONOMISER L'ÉNERGIE À LONGUEUR D'ANNÉE

Dit simplement, énergie signifie capacité de travail. Il est donc compréhensible qu'il faille la conserver. Bien entendu, nous parlons ici d'énergie électrique et d'énergie thermique, ces «ouvrières» des temps modernes.

Chaque fois que nous allumons une ampoule ou faisons fonctionner une sécheuse à linge, une fournaise ou un ordinateur, nous «brûlons» de l'énergie. Nous avons utilisé un combustible (charbon ou gaz naturel) ou un procédé (nucléaire ou hydroélectrique) et nous avons mis son énergie à notre service. Une fois brûlé, le combustible n'a plus la capacité de travailler pour nous, il n'a plus d'énergie. Pour créer d'autre énergie, il faut brûler d'autre combustible.

L'électricité est une source d'énergie «secondaire», c'est-à-dire qu'elle doit être tirée d'une matière première. Notre électricité provient de trois sources: l'énergie nucléaire, l'énergie thermique (provenant du charbon ou d'autres combustiles fossiles) et l'énergie hydraulique (provenant des barrages d'eau). Chacune de ces formes d'énergie donne naissance à des problèmes écologiques.

• **L'énergie nucléaire:** L'énergie nucléaire a beau être indubitablement la forme la plus propre d'énergie, elle n'est pas sans créer de problèmes, pour plusieurs raisons. En tête de ces inconvénients se trouve l'absence de solution à long terme pour l'entreposage des substances nucléaires délétères. Les déchets nucléaires conservent pendant des centaines de milliers d'années un taux de radioactivité extrêmement élevé. Nous ne les entreposons que depuis une trentaine d'années.

On a récemment proposé de les enterrer dans des contenants de cuivre et de titane censés prévenir tout contact entre des substances radioactives et les nappes d'eau souterraines pendant 500 ans (mais puisque cette méthode est d'invention récente, elle n'a pas, bien entendu, été testée pendant 500 ans). Et si le résultat n'était pas à la hauteur de nos attentes? Eh bien! tant pis, nous aurions fait notre possible. Et si ce système était vraiment efficace pendant 500 ans? Devrions-nous nous réjouir de confier à nos descendants d'alors la tâche d'entreposer des substances créées par nous mais dont la radioactivité perdurera pendant des centaines de milliers d'années encore? Après tout, nous ne serons plus là pour nous en occuper.

Supposons un moment que nos ancêtres aient découvert l'énergie nucléaire au Moyen Âge et qu'ils aient décidé d'ensevelir les substances radioactives dans un endroit où aurait été ensuite érigée une ville, par exemple Calgary, Montréal ou Boston. Nous devrions, encore aujourd'hui, lutter contre les radiations toujours dangereuses de ces combustibles vieux de 500 ans. Les gens de Calgary considéreraient-ils aujourd'hui que leur eau est bonne à boire? Montréal dénoterait-elle une incidence des cancers plus élevée que la moyenne? Les Bostoniens seraient-ils sujets à des malformations congénitales? Nous l'ignorons.

Gratifier nos descendants de ce problème est immoral. Toutefois, si nous laissons ces substances toxiques à la surface du globe, nous courons nous-mêmes de graves dangers.

L'énergie nucléaire engendre aussi d'autres problèmes, c'est-à-dire les risques inhérents à l'extraction de l'uranium nécessaire à sa production. Les mines d'uranium dégagent du radium 226 qui est extrêmement toxique, de même qu'un gaz délétère, le radon, et du plomb radioactif. Les résidus de broyage doivent être contenus par des barrages de retenue, des remblais ou des digues, ou bien placés dans la fosse ouverte de la mine. L'eau provenant des résidus est redéversée dans le sol après qu'on en ait retiré le radium au moyen de chlorure de baryum et d'autres produits chimiques.

Le Canada est le plus important producteur d'uranium. Plus de 120 millions de tonnes de résidus d'uranium hautement toxiques sont laissés à ciel ouvert dans de nombreux sites à travers le Canada.

Les ouvriers des mines d'uranium sont exposés à plus de radiations que tout autre ouvrier de l'industrie nucléaire. On trouve des substances radioactives dans les plantes, les animaux et les êtres humains qui vivent à proximité des mines d'uranium. Nous ignorons encore l'effet véritable sur les humains de la consommation de poisson ou de gibier provenant des régions voisines de mines d'uranium.

Enfin, nous avons beau savoir que les réacteurs nucléaires nord-américains sont très différents de ceux qui causèrent les accidents de Tchernobyl et de Three Miles Island, nous savons également que les ingénieurs et les constructeurs de réacteurs nucléaires les mieux intentionnés sont des êtres humains qui peuvent se tromper, comme nous tous. Rien n'est absolument sécuritaire et à toute épreuve dans le monde où nous vivons. Cependant, les conséquences d'accidents nucléaires sont beaucoup plus graves que celles d'autres erreurs que nous faisons.

95

L'accident de Tchernobyl a produit 90 fois plus de radiations que la bombe d'Hiroshima. Ses conséquences à l'échelle de la planète pourraient n'être jamais connues.

• **L'énergie thermique:** Nos principales sources d'énergie thermique sont le charbon, l'huile et le gaz naturel. Nous pouvons brûler directement ces combustibles dans nos véhicules automobiles ou dans nos systèmes de chauffage domestiques, ou bien les transformer en énergie électrique pour, indirectement, réchauffer nos maisons et faire fonctionner des appareils de toutes sortes.

Ce sont les combustibles «fossiles». Nés d'organismes vivants il y a des milliers d'années, ils se sont fossilisés dans leur forme actuelle. En brûlant, ils dégagent l'anhydride carbonique (CO_2) emprisonné en eux depuis leur formation. C'est cette production qui entraîne l'effet de serre dont nous entendons si souvent parler. L'anhydride carbonique et les autres gaz que contient notre atmosphère agissent comme la verrière d'une serre. La chaleur du soleil peut pénétrer le «plafond» de gaz et rejoindre la terre de la même façon qu'elle pénètre dans une serre, mais parce que la chaleur irradiant de la surface de la Terre ne peut le retraverser à son tour, la température terrestre se réchauffe graduellement.

96

Ce problème est aggravé par la disparition de la forêt tropicale. Lorsqu'on brûle une forêt tropicale, il s'en dégage du CO_2; en plus, on détruit les arbres qui absorbaient une grande quantité de CO_2 pendant leur croissance. Lorsque les arbres meurent, leur action bénéfique meurt avec eux. En même temps que nous produisons plus de CO_2, nous perdons des arbres qui pouvaient l'absorber.

En l'an 2030, la Terre connaîtra sa température la plus élevée depuis 120 000 ans.

Les conséquences de ce réchauffement seront dévastatrices. Des régions fertiles deviendront des déserts. Les réserves d'eau diminueront considérablement dans les rivières, les lacs et les bassins. La pollution des lacs sera plus concentrée. Les récoltes s'appauvriront de façon dramatique.

Les forêts disparaîtront et les projets de reboisement failliront en raison de la mauvaise qualité du sol. Les animaux sauvages ne seront sans doute pas capables de s'adapter à ces transformations. L'eau des lacs et des rivières sera trop chaude pour assurer la survie des espèces qui y vivent. Les zones marécageuses s'assécheront; entre autres animaux, de nombreuses espèces d'oiseaux seront sans habitat. Les fertiles régions côtières seront inondées. Certaines villes deviendront inhabitables.

Quel rapport cela a-t-il avec notre consommation d'énergie? Rien de plus simple. Plus nous consommons de l'énergie, plus nous brûlons toutes sortes de combustiles fossiles.

Le charbon est en grande partie responsable de l'effet de serre, mais son impact sur l'environnement ne s'arrête pas là. En brûlant du charbon, nous produisons de l'anhydride sulfureux (SO_2), cause de l'acidification des pluies. On peut réduire les émissions de soufre au moyen de filtres, mais leurs coûts élevés en ont empêché l'installation en bloc. Les pluies acides sont à l'origine de graves dommages subis par nos lacs, nos poissons, nos forêts, nos récoltes, et même nos édifices et nos monuments. Plus grande est notre consommation de combustibles fossiles, plus grave est notre problème relié aux pluies acides.

Chaque année, plus de 100 millions de tonnes d'anhydride sulfureux sont libérées dans le monde.

• **L'énergie hydraulique:** Une part de notre pouvoir hydroélectrique provient de chutes naturelles telles que celles du Niagara, ou de rivières à débit rapide, mais il provient surtout de barrages.

L'inondation provoquée par ces barrages a des conséquences très graves sur la région. Des zones fertiles sont perdues à jamais. Les forêts et les marécages sont noyés avec leur faune et leur flore. Il arrive que des espèces entières soient anéanties dans certaines régions. L'agriculture, la chasse, la pêche et la colonisation peuvent être sérieusement bouleversées ou ruinées.

Dans le réseau de la baie James, les gigantesques bassins sont déjà contaminés par le mercure provenant des terres inondées. Les environnementalistes tentent d'empêcher la réalisation de la prochaine phase du projet dans l'espoir de limiter les dégâts.

98

Selon la Fédération canadienne de la nature, les dégâts causés à l'environnement à la suite de la construction de barrages à la baie James au Québec mettent en péril de nombreuses espèces d'oiseaux et menacent aussi les bélugas, les ours polaires, les phoques et les poissons.

Le barrage de Balbina, au Brésil, a déjà inondé 2 500 kilomètres carrés de forêt vierge, tué des milliers d'animaux tels que des singes, des jaguars, des tortues et des poissons, empoisonné au moins une rivière, tué plusieurs variétés d'arbres fruitiers et d'essences précieuses, privé des milliers d'individus de leur moyen de subsistance, déraciné des tribus indigènes et favorisé la reproduction de moustiques porteurs de malaria. Le barrage Narmada, en Inde, est le plus vaste jamais conçu. Il entraînera l'inondation de 573 localités et le déplacement d'un million de personnes. Les forêts et les terres agricoles seront noyées sous 15 m d'eau.

De nouveaux barrages bouleversent à jamais l'équilibre écologique d'une région. Une fois qu'une zone a été inondée, il est impossible de récupérer la terre ainsi perdue et de sauver la faune et la flore. Il n'y a aucun moyen d'alléger l'effet dévastateur de ces barrages sur l'environnement. La survie des espèces dépend de l'interaction d'un réseau complexe d'organismes. Nous ne pouvons pas nous emparer de plantes ou d'animaux menacés pour les transplanter ailleurs. Ils ne résisteront pas. Les projets de barrage de la Saskatchewan et de l'Alberta ont rencontré l'opposition farouche des environnementalistes précisément pour ces raisons.

À quoi servirait de conserver l'énergie si nous avons déjà des usines nucléaires, thermiques et hydroélectriques, et des raffineries de pétrole?

Comme il est impossible d'entreposer l'énergie électrique, nous devons construire des usines qui puissent en tout temps répondre à nos besoins. Si nous faisons fonctionner en même temps nos climatiseurs, nos sécheuses à linge, nos aspirateurs et nos cuisinières, et si nous laissons toutes les lampes allumées, d'autres usines devront être construites pour satisfaire à la demande.

Mais si nous économisons l'énergie, les usines actuelles suffiront à nos besoins. Ne serait-ce pas merveilleux, du reste, d'arriver à en fermer quelques-unes dont nous n'aurions plus besoin?

Si nous nous servons de nos fournaises à l'huile de façon inefficace, nous requerrons de plus en plus de raffineries de pétrole. Et plus nous consommerons de pétrole, plus grand sera l'effet de serre. Plus nous économiserons l'énergie, moins il y aura de pluies acides, moins grand sera le réchauffement de la planète, plus verte elle redeviendra.

De toute évidence, une société idéale se tournerait vers les formes d'énergie qui menacent le moins l'environnement, mais il est utopique de croire que nous en serons bientôt là. Néanmoins, nous devons cesser de détruire la planète en dilapidant ses ressources.

La Conférence mondiale sur l'énergie a prédit que dans 30 ans à peine nous consommerons 75 p. 100 plus d'énergie qu'en 1985. Mais elle a aussi fait une déclaration étonnante, à savoir que le rendement énergétique est la source d'énergie la plus appropriée pour satisfaire nos besoins futurs.

En effet, si nous conservons l'énergie, nous en créons d'autre pour l'avenir. Si nous nous préoccupons tous de rendement énergétique, nous n'aurons sans doute pas à construire d'autres usines pour satisfaire nos exigences.

Que faire toute l'année?

Éteignez la lumière quand vous sortez d'une pièce.

L'éclairage constitue une part importante de nos factures d'électricité. Réglons une question une fois pour toutes: est-il plus économique d'éteindre et d'allumer les lumières ou de les laisser allumées? Les ampoules à incandescence consomment un tout petit peu plus d'énergie si on les rallume que si on les laisse allumées. Voici quelques repères qui vous aideront à décider si oui ou non il vaut mieux éteindre quand vous quittez une pièce. Si l'ampoule fait 100 watts ou plus (ou s'il y a deux ampoules de 60 watts ou plus), quelle que soit la durée de votre absence, éteignez la lumière. Si l'ampoule est de wattage plus faible ou s'il s'agit d'un fluorescent, et si vous ne devez pas vous absenter pour plus de trois minutes, ce n'est pas la peine d'éteindre. En règle générale, nous restons toujours hors d'une pièce plus longtemps que prévu. Nous devrions donc éteindre en sortant.

100

Essayez les nouvelles ampoules fluorescentes
au lieu des ampoules à incandescence.

Les développements dans le domaine de l'éclairage au néon font des nouvelles ampoules fluorescentes un excellent choix. Ces néons compacts ne consomment qu'un cinquième de l'énergie dépensée par les ampoules à incandescence. Elle ont maintenant la même forme, ce qui permet de les visser dans une douille ordinaire.

Un fluorescent de 9 watts peut remplacer une ampoule ordinaire de 60 watts; un fluorescent de 13 watts donne autant de lumière qu'une ampoule de 75 watts. Ces nouvelles ampoules coûtent plus cher que les autres (de 18 $ à 30 $ chacune), mais elles durent 10 à 20 fois plus longtemps. Elles représentent donc à la fois une économie d'énergie et d'argent.

Les ampoules au néon sont offertes dans une variété de teintes qui imitent tous les types d'éclairage incandescent ou naturel. Vous n'aurez donc pas à subir la lumière blafarde des toilettes de stations-service. Comme elles sont plus grosses et plus longues que les ampoules à incandescence, elles ne conviennent pas aux lampes de table, mais on peut les utiliser avec profit dans les corridors et les portiques, ainsi que dans les plafonniers 101 de sous-sols pourvus de globes de 25 cm ou plus. Si vous laissez une lampe allumée toute la nuit par mesure de sécurité, ce devrait être une ampoule fluorescente.

Abaissez la température de votre chauffe-eau.

Régler la température du chauffe-eau à 50 °C est suffisant. Si votre chauffe-eau n'est pas gradué, réglez-le entre tiède et chaud. Si vous partez pour une semaine ou plus, réglez-le au plus bas ou à la position «vacances», c'est-à-dire en ne laissant que la lampe témoin allumée.

Lavez votre linge à l'eau froide.

Lavez-vous et rincez-vous votre linge à l'eau chaude ou tiède? Chauffer cette eau consomme beaucoup d'énergie. Après quelques essais, j'en suis venue à la conclusion suivante: je lave le blanc et les couleurs pâles à l'eau tiède, mais l'eau froide suffit toujours à laver les couleurs foncées. Le rinçage, quelle que soit la couleur, se fait à l'eau froide.

J'ai constaté que le savon à lessive et le détergent ordinaire sont aussi efficaces en eau froide qu'en eau chaude. Aucun détergent spécial n'est requis. Il m'arrive parfois de dissoudre le savon dans un peu d'eau chaude avant de faire une lessive à l'eau froide, mais ce n'est pas vraiment nécessaire. Je n'ai constaté aucune différence de propreté entre le linge lavé à l'eau froide et le linge lavé à l'eau chaude. Alors, pourquoi gaspiller l'eau chaude? Naturellement, j'essaie de ne faire de lessive que si la lessiveuse peut fonctionner à pleine capacité, afin d'économiser à la fois l'énergie et l'eau.

102

Attention à ne pas trop sécher le linge.

En utilisant moins souvent ou moins longtemps votre sécheuse, vous économiserez beaucoup d'énergie. Jetez votre chandail en molleton et votre jean humides sur le dossier d'une chaise. Le lendemain matin, ils seront secs. C'est du gaspillage que de faire fonctionner la sécheuse 20 minutes de plus pour assécher complètement ces deux gros morceaux. Il suffit parfois de suspendre des vêtements encore un peu humides sur un cintre pour les faire sécher en une petite heure.

J'ai vu des gens faire fonctionner leur sécheuse pendant 80 ou 90 minutes pour que tout soit absolument sec. Chez moi, un séchage dure en moyenne 35 à 40 minutes. Si les serviettes, quelques chaussettes épaisses ou des jeans sont encore un peu humides, en revanche, nos vêtements ne produisent aucune électricité statique résultant d'un séchage trop prolongé. Nous

n'avons besoin d'aucun assouplissant. Ce qui n'est pas parfaitement sec, je le dépose sur un séchoir en bois ou le suspends à un
cintre. Un séchoir pliant en bois ou une corde à linge sont très
pratiques pour aider à économiser l'énergie.

Contribuez à rendre les membres de votre club
sportif conscients de l'environnement.

Travaillez-vous dans un club sportif ou de loisirs-santé ou en
êtes-vous membres? Payer une cotisation ne vous autorise pas à
abuser de l'environnement. Parmi ses cadeaux de promotion,
votre club offre-t-il des rasoirs jetables? Ne pourriez-vous pas
garder un rasoir à lame dans votre casier? Puisqu'on fournit les
serviettes, en utilisez-vous trois au lieu d'une comme vous le
faites à la maison? Laver et sécher chacune de ces serviettes
consomme de l'énergie. Restez-vous 20 minutes sous la douche
parce que c'est compris dans votre abonnement? Chauffer l'eau
consomme de l'énergie et détériore l'environnement.

Faites fonctionner le lave-vaisselle, la laveuse
ou la sécheuse à linge après 23 heures.

Si l'on se rappelle que les usines de production d'électricité ont
été construites pour répondre à la demande en période de
pointe, on n'est pas surpris d'apprendre qu'il est bon et profitable pour l'environnement de ne faire fonctionner les gros
appareils qu'en dehors des heures de pointe.

Il y a une prime rattachée à ce principe. Les gros appareils produisent beaucoup de chaleur. L'été, nos maisons supportent mieux ce surcroît de chaleur la nuit que le jour. L'hiver, puisque nous baissons le thermostat le soir, le chaleur dégagée par les gros appareils contribue à réchauffer la maison.

Chez nous, nous faisons fonctionner les gros appareils ménagers au moment de tout éteindre pour la nuit. C'est devenu une habitude à laquelle nous avons même pris goût. Si cette méthode ne vous convient pas, essayez au moins de ne pas utiliser vos gros appareils pendant les heures de pointe, soit de 17 h à 19 h. En outre, la plupart de ces appareils font du bruit, mais on ne les entend plus du fond de la chambre à coucher.

104

Utilisez le cycle économique de votre lave-vaisselle
et laissez sécher la vaisselle à l'air libre.

Faites fonctionner le lave-vaisselle tard dans la soirée, puis faites votre toilette pour la nuit. Avant d'aller vous coucher, retournez à la cuisine pour interrompre le séchage et laissez la vaisselle sécher à l'air libre. Un vieil appareil qui n'offre pas de cycle économique peut être réglé au «cycle court». Il suffit ensuite d'appuyer sur «annuler» pour arrêter le séchage. Le cycle court lave aussi bien que le cycle ordinaire, mais il prend beaucoup moins de temps et consomme moins d'énergie et d'eau chaude. Essayez-le si vous avez toujours utilisé le cycle ordinaire. Les résultats vous étonneront.

Il n'est pas nécessaire que ce soit le lave-vaisselle qui assèche la vaisselle. Il suffit d'ouvrir la porte du lave-vaisselle, de faire glisser les paniers à l'extérieur et d'attendre quelques minutes. La vaisselle est en général si chaude qu'elle sèche tout de suite à l'air libre.

Pour faire la cuisine, servez-vous du plus
petit appareil possible.

Quand nous avions des poêles à bois toujours chauds, peu importait ce que l'on y faisait cuire. Maintenant que nous voulons économiser l'énergie, nous voyons bien qu'allumer le four pour réchauffer une pointe de pizza n'est pas une bonne idée.

    Par exemple, il faut beaucoup d'énergie pour chauffer non seulement un des éléments du dessus d'une cuisinière, mais aussi la casserole ou le poêlon, et l'air ambiant. Pour faire cuire une petite quantité de nourriture, il convient de se servir d'un poêlon électrique ou d'un grille-pain four. Ma sœur Elizabeth fait même des gâteaux dans son grille-pain four pour ne pas avoir à chauffer le four ordinaire.

105

Utilisez autant que possible une cocotte-minute
plutôt que des casseroles ordinaires.

Vous savez sans doute que les fours à micro-ondes font économiser de l'énergie. Ils cuisent les aliments sans réchauffer ni les parois du four, ni l'air à l'intérieur du four, ni le contenant. Ils nous font aussi sauver du temps et n'utilisent que la moitié de l'énergie requise par un four ordinaire. Mais le micro-ondes est souvent moins efficace que la plaque de cuisson du poêle. Si vous devez faire bouillir plus d'une tasse d'eau, servez-vous de la cuisinière ou, mieux, d'une bouilloire électrique.

    La cocotte minute est beaucoup plus économique que le micro-ondes. C'est ce que ma sœur appelle le micro-ondes du pauvre. Beaucoup s'inquiètent encore de savoir si elles sont sécuritaires ou si elle vont exploser. Oui, elles sont sécuritaires. Non, elles n'exploseront pas. J'utilise une cocotte minute depuis 10 ans avec conviction. Oui, elles vous font sauver du temps. Je fais un ragoût en 10 minutes, un coq au vin en 12 minutes. Et, oui, les cocottes minute font économiser de l'énergie.

En prime: plus de vitamines dans les légumes, tout un repas en un seul plat, des soupers de dernière minute prêts en un éclair.

Vous êtes débutants? Votre cocotte minute comprend un livret d'instructions et de recettes. Lisez-le attentivement. Vous deviendrez experts en un tournemain.

106

Décongelez les aliments au réfrigérateur.

Les aliments surgelés contribueront à maintenir le degré de froid de votre frigo, tout en diminuant sa consommation d'énergie. Et vous économiserez aussi l'énergie requise pour décongeler au micro-ondes. Un plat surgelé placé dans le réfrigérateur le matin est prêt à réchauffer à l'heure du souper.

Choisissez ce que vous voulez avant
d'ouvrir le réfrigérateur.

Est-ce que vous ou vos enfants faites du lèche-vitrines devant le réfrigérateur ouvert? Il arrive qu'on ait envie d'un casse-croûte sans trop savoir ce qu'on veut. Alors, on ouvre la porte et on fouille. Chaque fois que la porte du frigo est ouverte, l'air froid s'en échappe et l'appareil doit fournir plus d'effort pour conserver le même degré de température.

Je fais un petit exercice de mémoire qui aide à conserver l'énergie du réfrigérateur. Quand j'ai envie d'une collation, avant d'ouvrir la porte du frigo je me dis que je sais tout ce qu'il contient. J'imagine le fromage, le lait, les carottes, le céleri, les pommes ou les restes. Voyez si les enfants peuvent énumérer tout ce que le frigo contient, sans l'ouvrir. Ils pourraient vous surprendre! Leur récompense? Une collation!

107

Préférez les gadgets manuels aux gadgets électriques.

Combien de gadgets électriques ont été inventés pour remplacer les gadgets manuels? On pense tout de suite aux ouvre-boîtes, aux couteaux à dépecer, aux brosses à dents, aux taille-crayons. Par douzaines ils induisent le consommateur en tentation en lui promettant d'être plus rapides, meilleurs, plus commodes. On pourrait croire qu'ils consomment peu d'énergie; pourtant, ils font partie d'un gaspillage plus vaste et ils sont le symbole d'une société qui croit depuis trop longtemps qu'elle peut tout avoir, que ce soit gros ou petit, sans s'inquiéter des dépenses encourues.

Si nous sommes moins dépendants des petits appareils électriques et si nous résistons à la tentation d'en offrir en cadeau ou de les acheter pour nous-mêmes, nous ne grèverons pas autant nos ressources en électricité et nous diminuerons notre consommation excessive d'articles suremballés. Un bon ouvre-boîtes manuel de bonne qualité, solide, avec des poignées recouvertes et un mécanisme puissant, peut être un excellent cadeau pour ces amis qui pendent la crémaillère. J'ai le même depuis 15 ans et il fonctionne toujours aussi bien.

Félicitez les enfants et récompensez-les lorsqu'ils
éteignent les lumières inutiles.

Comment apprendre aux enfants à éteindre quand il le faut?
Soudoyez-les. Faites-les calculer leur récompense en comparant
vos factures d'électricité. Certaines factures comparent, à l'aide
d'un tableau, chaque période couverte avec la période équivalente de l'année précédente. Ainsi, il vous est facile de savoir si
vous avez appris à économiser l'électricité ou pas. Si votre
facture n'offre pas de possibilité de comparaison, apprenez aux
enfants à vérifier le nombre de kilowattheures utilisés chaque
mois sur votre facture. Faites en sorte qu'ils deviennent les
anges gardiens de l'électricité familiale.

Pour les plus petits, affichez sur la porte du frigo un papier
comportant le nom de chaque membre de la famille. Celui qui
éteint la lumière de l'autre marque un point. Quiconque n'oublie
pas d'éteindre sa lumière marque aussi un point. Donnez des prix
à ceux qui accumulent le plus haut pointage (de l'argent de poche
ou des friandises). Félicitez généreusement les enfants qui
n'oublient pas d'éteindre. Caroline commence à le faire toute
seule et elle a raison d'être fière quand nous remarquons ses
efforts. Je suis sûre que, bientôt, c'est elle qui nous fera la leçon.

On trouvera d'autres trucs pour économiser l'énergie au
chapitre 9: Rénovation et décoration de la maison.

Que faire en hiver

L'hiver, la température des pièces inoccupées
devrait être de 15 °C.

Abaissez la température des pièces que vous n'utilisez pas, particulièrement si vous avez une pièce supplémentaire où vous entrez rarement. Cela peut vouloir dire fermer la bouche d'aération ou le radiateur, ou baisser le thermostat. Mais veillez à ne pas interrompre complètement le chauffage dans cette pièce, particulièrement quand il fait très froid. La chaleur s'échappant par les murs des pièces chauffées pourrait provoquer des problèmes d'humidité, de moisissure ou de condensation dans la pièce froide. Et il vous en coûterait plus pour maintenir une température confortable dans la maison.

109

Fermez la bouche d'aération de la cuisine.

Si vous comptez rester dans la cuisine pendant plusieurs heures à fricoter des petits plats, votre four suffira amplement à réchauffer la pièce. Si votre cuisine est pourvue d'un conduit d'air chaud, fermez-le et laissez la chaudière dispenser sa chaleur dans le reste de la maison.

Abaissez la température d'au moins 5 °C si vous devez vous absenter pour huit ou neuf heures.

Si vous prévoyez de rester absent pendant un jour ou plus, abaissez la température encore davantage. Pourquoi maintenir une température de 22 °C s'il n'y a personne à la maison? Le premier rentré n'a qu'à remonter le thermostat.

La nuit, réglez le thermostat de 16 °C à 18 °C.

Pourquoi réchauffer la table de la cuisine ou le divan du salon quand on dort? Une telle décision vous fera économiser de 5 à 10 p. 100 sur votre facture d'électricité. Chez nous, nous baissons le thermostat et ajoutons une couverture à nos lits. Vous pourriez aussi vous procurer un thermostat programmable qui abaissera automatiquement la température le soir et la remontera le matin. On les trouve dans toutes les bonnes quincailleries ou centres de rénovation et ils sont faciles à installer soi-même. Certains permettent même des programmes multiples, ce qui est très pratique lorsque la maison reste inoccupée pendant la journée.

110

Pour chaque degré au-dessus de 20 °C, votre note d'électricité est majorée de 5 p. 100.

N'oubliez pas de reprogrammer votre thermostat quand vous passez de l'heure normale à l'heure avancée, ou vice-versa.

Laissez l'eau du bain dans la baignoire toute la nuit.

Prenez-vous un bain chaud tard le soir? Toute cette eau chaude qui vous a coûté de l'argent à réchauffer pourrait vous être utile. Pourquoi réchauffer les tuyaux d'égout? Laissez la porte de la salle de bains ouverte pour gagner un peu de chaleur pendant que vous dormez. En outre, l'air chaud et humide est un bienfait en hiver. Mais assurez-vous d'être debout avant tout le monde le matin pour vider la baignoire, sans quoi vos compagnons rechigneront... avec raison.

111

Bouchez les fentes sous les portes pour conserver la chaleur et empêcher le froid d'entrer.

Qu'est-ce qu'un «serpent coupe-froid»? Précisément ce que ça dit: un long tube en tissu en forme de serpent bourré de sable, de laine ou de coton. Qu'est-ce qu'on en fait? Ce sont d'excellents isolants mobiles qu'on applique contre la fente sous la porte pour empêcher la bise d'entrer. On les trouve dans les foires ou les magasins d'artisanat. Vous pouvez aussi en fabriquer un vous-même en une petite heure, avec des retailles de tissu. Si vous n'arrivez pas à en dénicher un ou à en fabriquer un, remontez le tapis du hall d'entrée contre la porte, le soir avant d'aller dormir. Et, bien entendu, isolez cette porte au plus tôt.

Tirez les rideaux le soir et ouvrez-les le matin.

Tirez les rideaux des fenêtres le soir. On trouve dans le commerce des stores et des tentures conçus pour conserver l'énergie, mais n'importe quel tissu lourd fera l'affaire. Avant d'avoir les moyens d'acheter des tentures, nous avions l'habitude de tendre une couverture devant la fenêtre de notre chambre à coucher les soirs d'hiver. Une couverture peut être étonnamment efficace. Pendant la journée, le soleil contribuera à réchauffer la maison. Laissez-le y pénétrer.

112

Fermez le ventilateur du grenier.

Certaines maisons de construction récente ont un ventilateur au grenier pour rafraîchir l'air en été. En hiver, il attirera l'air chaud de la maison vers le grenier et augmentera vos coûts d'électricité et d'énergie. Le laisser fonctionner rendra votre grenier humide et provoquera du gel et des dégâts.

Une bouillotte et un thermostat réglé plus bas vous feront économiser de l'énergie et de l'argent.

Dans la maison où j'ai grandi, une seule bouche d'air chaud dans le corridor desservait trois chambres. Les nuits d'hiver sont très froides dans l'Ouest canadien. Ma mère, qui est futée, tenait ses quatre enfants au chaud la nuit grâce à des bouillottes. Mais comme elle était en avance sur son époque (et qu'elle savait retenir les leçons du passé), elle n'acheta pas quatre bouillottes en caoutchouc. Elle réutilisa ce qu'elle avait à la maison: quatre pots de confiture à couvercle hermétique. Une fuite se produisait parfois (rarement), mais ma mère y remédiait en plaçant une feuille de plastique sur l'ouverture du pot avant d'y fixer l'anneau de caoutchouc et le couvercle.

Caroline adore se blottir contre sa bouillotte les soirs d'hiver. Je crois même qu'elle trouve ainsi plus facilement le sommeil. Et n'oubliez pas de mettre vos chaussettes!

Que faire en été

Remontez la température du climatiseur central de 5 °C si vous devez vous absenter de huit à neuf heures.

Puisque chauffer la maison est ce qui consomme le plus d'énergie en hiver, il est logique de penser que la rafraîchir est ce qui en consomme le plus en été. Il convient donc, l'été, de faire le contraire de ce que l'on fait l'hiver. Si vous vous absentez pendant un jour ou plus, éteignez carrément le climatiseur.

Éteignez le climatiseur de la pièce si vous devez en sortir pendant plus de cinq minutes.

Les climatiseurs de fenêtres sont inutiles si vous n'êtes pas là pour en profiter et ils consomment énormément d'énergie — de 750 à 1050 watts selon leur dimension. Nous ne laisserions jamais une ampoule de ce wattage allumée en sortant d'une pièce. Puisqu'un climatiseur de fenêtre rafraîchit quasi immédiatement la pièce où on le fait fonctionner, cela ne sert à rien de le laisser travailler quand on n'y est pas.

Tirez les rideaux ou les stores des fenêtres au moment le plus chaud de la journée.

Tout comme les tentures empêchent le froid d'entrer l'hiver, elles empêchent la chaleur d'entrer l'été. Tirez-les et fermez aussi les fenêtres. Vous croyez qu'en laissant la fenêtre ouverte l'air frais entrera du dehors, mais c'est l'air chaud qui pénétrera à l'intérieur. Toutefois, si votre fenêtre n'a ni rideau, ni store, ni tenture, laissez la fenêtre entrouverte pour permettre à l'air chaud de sortir. Pensez à l'effet de serre.

114

Réglez la minuterie pour que les lumières s'allument plus tard le soir et s'éteignent plus tôt le matin.

Si vous possédez une minuterie qui allume les lumières de sûreté à une certaine heure de la journée, n'oubliez pas que les jours sont plus longs en été. Un dispositif sensible à la lumière effectuera le changement à votre place. Si vous achetez un système d'éclairage de sûreté, choisissez-en un qui s'allumera et s'éteindra automatiquement au coucher et au lever du soleil. Vous économiserez de l'argent et de l'énergie.

*Éteignez le ventilateur si vous sortez de la pièce
plus de cinq minutes.*

Vous avez un ventilateur portatif? Il ne servira à rien si vous n'êtes pas là. Un ventilateur portatif est beaucoup plus économique qu'un climatiseur qui consomme 20 fois plus d'énergie. Un seul ventilateur portatif suffit pour mon mari, Caroline et moi pendant la canicule. Nous nous en servons en général le soir, au moment de nous mettre au lit, ou bien dans mon bureau du deuxième quand j'y travaille.

115

*Éteignez les lampes, la télévision et les appareils électriques
quand vous ne vous en servez pas.*

Ne laissez pas la télévision allumée, ni les appareils électriques, ni les ordinateurs, ni les lumières quand vous n'êtes pas dans la pièce. Non seulement vous gaspilleriez de l'énergie, mais les appareils électriques, surtout les lampes, dégagent beaucoup de chaleur. Quand il fait très chaud, les éteindre peut aider à conserver la fraîcheur.

*Ouvrez la fenêtre de la salle de bains ou
actionnez le ventilateur après avoir pris une douche.*

Vous vous souvenez de l'air chaud et humide du bain que nous voulions conserver en hiver? Eh bien! nous ne le voulons plus. L'air de l'été est assez chaud et humide sans que nous en redemandions. Fermez la fenêtre et stoppez la ventilation quand l'air chaud et humide s'est dissipé.

116

*Faites votre repassage dehors sur la terrasse,
dans le patio ou sur le balcon plutôt qu'à l'intérieur.*

Ma mère repasse toujours dans la cave, où c'est plus frais, et c'est une pratique que je conseille. Quant à moi, je ne trouve pas que ma cave prédispose à un repassage inspiré. Du reste, rien ne me prédispose au repassage. Je préfère encore les faux plis. Si, cependant, je ne peux l'éviter et que j'en ai beaucoup, j'aime bien le faire dans un cadre agréable. Appréciez la nature et laissez la chaleur dehors en été. La différence est notable.

Faites travailler l'air et le soleil à votre place.

Profitez du soleil et des jours chauds pour effectuer des tâches qui, en d'autres temps, requièrent des produits chimiques ou de la chaleur. Étendre le linge blanc sur l'herbe, au soleil, le blanchit. C'est absolument vrai. Je l'ai fait des douzaines de fois et les résultats sont spectaculaires. Faites sécher votre linge sur la corde. Séchez vos cheveux au soleil (est-ce moi qui l'imagine ou sont-ils plus brillants?). Faites sécher des paquets de fines herbes au soleil. Remplissez la petite piscine des enfants tôt le matin là où le soleil réchauffera l'eau et où des arbres donneront de l'ombre quand les enfants y joueront.

Si vous disposez d'un peu plus de temps

117

Isolez votre chauffe-eau.

Le chauffe-eau consomme plus d'énergie que les appareils ménagers et les lampes mis ensemble. Mais il y a une ou deux façons d'économiser. Vous pouvez acheter une couverture isolante et l'en recouvrir. Elles coûtent environ 20 $ et sont en vente dans les quincailleries. Ou bien, recouvrez vous-même votre chauffe-eau avec un isolant, le côté hermétique vers l'extérieur, et fixez-le avec du ruban adhésif. Cela vous prendra moins d'une heure, et vous économiserez toute l'année.

Plantez un arbre aujourd'hui
pour les générations futures.

Pour la fraîcheur, les arbres valent des centaines de milliers de BTU. Consultez le chapitre 12 pour connaître l'arbre extraordinaire qui remplace chez moi le climatiseur. Un arbre adulte abaissera de quelque 4 °C la température d'une cour, d'un jardin ou d'une maison à l'heure la plus chaude de la journée. Les arbres adultes aujourd'hui pourraient être morts ou moribonds en même temps que nous. Plantons-en d'autres.

En Amérique du Nord, pour son usage domestique, chaque individu consomme l'équivalent de 22 barils de pétrole par année. Avec un peu d'effort, chacun peut conserver de l'énergie sans nuire à son confort.

118

CHAPITRE 7

REVERDISSEZ
VOTRE LIEU DE TRAVAIL

De nos jours, le lieu de travail est parfois un lieu ouvertement dangereux où il est fait usage de produits toxiques et où on pollue l'air et l'eau. Ce peut aussi être un bureau où tout fonctionne normalement et efficacement en apparence, mais où, en réalité, on abuse des ressources naturelles en s'inquiétant peu du tort ainsi fait à l'environnement.

119

Ce livre a pour but de proposer des solutions individuelles, des actions à petite échelle qui peuvent contribuer à transformer rapidement les habitudes d'un groupe important de travailleurs. On trouvera dans le présent chapitre nombre d'idées faciles à mettre en pratique dont l'impact sur l'environnement peut être considérable.

Ces suggestions peuvent contribuer à augmenter votre popularité. Vous pourriez vous faire apprécier du patron (si vous n'êtes pas vous-même patron) en faisant économiser de l'argent à la compagnie, car la plupart des méthodes qui ont pour but de protéger l'environnement représentent aussi d'excellentes pratiques commerciales. Si vous contribuez à améliorer les conditions de travail et que vous prenez la tête d'un mouvement dont tout le monde profite, vos collègues vous apprécieront.

Si c'est vous le patron, mettez votre autorité au service de l'environnement. Affichez des règlements et veillez à ce qu'on les respecte. Si vous vous donnez la peine d'expliquer pourquoi il faut reverdir le lieu de travail et que vous invitez vos employés à vous donner des suggestions, ils vous appuieront avec joie et vous offriront leur collaboration. Tout le monde est gagnant dans ce genre d'initiative: la compagnie, les employés, la société, le monde.

Si vous n'êtes pas membre de la direction, vous pouvez quand même avoir un impact certain sur le reverdissement de votre lieu de travail. Lorsque vous accomplirez une tâche autrement que d'habitude, expliquez-en les motifs à vos collègues et à votre patron, en faisant ressortir les avantages que la compagnie peut retirer de ce changement. Incitez vos collègues à la «conscience planétaire» par le biais du bulletin d'information interne. Dès que l'on est conscient de l'effet que peuvent avoir un ou deux petits changements à nos habitudes sur la santé de la planète, on y participe plus volontiers et l'on est plus vigilant.

Que faire

120

Photocopiez recto verso.

Utilise-t-on une grande quantité de papier à votre lieu de travail? Combien de classeurs sont nécessaires au rangement de tout ce papier? Combien d'étagères faut-il pour entreposer la papeterie d'une seule année? Combien d'arbres doivent être abattus pour subvenir aux besoins en papier de votre bureau?

Coupez de moitié vos frais de papeterie et rendez service à nos forêts en photocopiant sur les deux côtés des feuilles. Cela vaut pour les rapports, les documents, les textes, les feuilles de données et même la correspondance d'affaires. Cela sèmera la confusion, croyez-vous? Vous n'avez qu'à écrire «voir au verso» au coin inférieur droit de la feuille. Si cela ne suffit pas, incluez cette petite phrase: «Nous imprimons recto verso pour économiser de l'argent et pour sauver nos arbres. Demandez-nous des détails!» Je suis prête à parier que personne ne se plaindra et qu'on vous appuiera.

Si vous êtes la seule personne à avoir compris comment photocopier des deux côtés d'une même feuille pour que le texte soit toujours dans le bon sens, donnez-vous la peine de rédiger un mode d'emploi très clair, accompagné de petits dessins, et affichez-le au-dessus du photocopieur. N'hésitez pas à encourager vos collègues à solliciter votre aide.

Limitez le nombre de copies de chaque document.

Combien de copies vous faut-il vraiment? Une pour le client, une pour la secrétaire, une pour la comptabilité, une pour le service des commandes, une pour le patron, et une autre «juste au cas où»? Dans certaines entreprises, on passe deux jours à copier les rapports de fin de mois, tout simplement parce que les directeurs ne veulent pas les partager. Certaines personnes classent leurs copies de rapports sans jamais plus les consulter. Si les rapports sont entrés dans l'ordinateur, faut-il absolument une copie imprimée à tout le monde? Ne pourraient-ils consulter la copie destinée à un autre service?

121

Si vous devez photocopier des documents pour une réunion, assurez-vous que vous connaissez le nombre exact de participants qui en auront besoin. S'il n'est pas nécessaire qu'ils emportent avec eux cette documentation une fois la réunion terminée, pourquoi ne pas simplement l'écrire sur l'ardoise, ou pourquoi ne pas faire circuler une ou deux copies autour de la table? Vous pouvez aussi faire passer une seule copie à tous les services avant ou après la réunion. Quoi qu'il en soit, évitez les copies inutiles.

Faites une liste de tous les rapports que la compagnie distribue et demandez à chacun de cocher ceux qui les concernent. Vous serez étonnés de constater combien de personnes s'encombrent de rapports dont elles n'ont que faire, simplement parce qu'on les leur transmet.

Ne jetez pas de papier sans
en avoir utilisé les deux côtés.

Placez une boîte près du photocopieur pour le papier «gâché». Son côté vierge peut servir de papier brouillon, ou pour prendre des notes, des messages téléphoniques ou de la sténo. Débordez-vous d'énergie et d'enthousiasme? Coupez-en des paquets en deux ou en quatre, agrafez ces feuillets ensemble et distribuez ces blocs-notes à vos collègues. Bientôt, ils les feront d'eux-mêmes. Demandez au gérant quelle part du budget de papeterie était auparavant allouée aux blocs-notes et calculez l'économie ainsi réalisée sur une période donnée. Puis, faites part au patron des résultats sur la trésorerie de vos efforts pour protéger l'environnement.

122

Recyclez le papier.

Maintenant que vous imprimez des deux côtés de la feuille ou que, d'une façon ou d'une autre, vous utilisez son côté vierge, constatez-vous que beaucoup de papier prend encore le chemin de la corbeille? Il existe de nombreuses entreprises de recyclage. Faites marcher vos doigts dans les pages jaunes à la rubrique «Recyclage», ou renseignez-vous auprès de n'importe quel fabricant de papier de votre région. Domtar a mis au point un programme de recyclage. Cette compagnie fournit de grands contenants en plastique et effectue régulièrement la cueillette du papier à recycler. Il existe aussi de nombreuses entreprises qui récupèrent le papier. Cela ne vous coûtera rien de plus qu'un coup de téléphone.

Adoptez un service de courrier à bicyclette.

Utilisez-vous un service de courrier? Dans bien des villes, on se vante maintenant de dispenser des services de courrier à bicyclette. N'est-il pas épouvantable qu'une automobile gaspille nos ressources en traversant la ville aller et retour juste pour livrer une enveloppe? En outre, les problèmes de congestion s'aggravant, la bicyclette est souvent beaucoup plus rapide. Votre entreprise a son propre livreur? Suggérez-lui de faire à vélo les livraisons de courte distance. Mais, par souci d'altruisme écologique, payez-le au même tarif que s'il prenait sa voiture.

123

Recyclez le carton ondulé.

Vous recevez des boîtes et des boîtes de marchandise? Voyez si les compagnies de recyclage de papier les acceptent. Certains dépotoirs refusent maintenant le carton ondulé en raison de son volume et parce qu'il s'agit d'un matériau tout à fait recyclable. Ou, mieux, réutilisez carrément les boîtes. Vos fournisseurs reprendraient-ils leurs boîtes vides pour s'en servir encore? Vous ne le saurez jamais si vous ne le leur demandez pas. Ils réaliseraient ainsi une importante économie dont ils devraient aussi vous faire profiter. Les boîtes des livraisons précédentes, une fois aplaties, pourraient être retournées à l'expéditeur par le même camion qui vous apporte les boîtes pleines.

Apportez au bureau votre propre
tasse en céramique ou en porcelaine.

Pause-café. Quel système est le vôtre? Une cuisinette? Un chariot? Une camionnette? Ou bien courez-vous au restaurant du coin? Dans quoi buvez-vous votre café? Tasse en plastique? Gobelet en papier? Tasse en céramique? L'idée que des millions de tasses à café en styromousse finissent aux ordures chaque jour (sans parler des petits bâtonnets en plastique) me fait frémir d'horreur.

124

Ne vous laissez pas leurrer par ceux qui prétendent que les tasses et les assiettes en plastique respectent l'environnement. Même si elles n'ont pas été fabriquées à l'aide des chlorofluoro-carbones qui endommagent la couche d'ozone, mais grâce à un autre propulseur beaucoup moins nocif, ce qu'on ne dit pas, c'est ce qui arrive de ces millions de tasses quand on les jette aux ordures après 10 minutes d'usage à peine. Comme le reste de nos déchets, elles aboutissent dans des dépotoirs où elles restent mille ans sans se décomposer, ou dans des incinérateurs où elles brûlent en dégageant des vapeurs toxiques. Que pouvons-nous utiliser de moins dommageable? Les tasses en papier, au moins, sont entièrement biodégradables et produites à partir d'une ressource renouvelable. Mais n'est-il pas stupide d'abattre un arbre pour fabriquer une tasse en papier quand une tasse en céramique ou en porcelaine vous durera des années?

Prenez votre propre tasse dans votre bureau à l'heure du café. Si le café vous arrive par chariot ou par camionnette, liez connaissance avec le responsable et décidez entre vous de la limite de remplissage de votre tasse. Qui sait combien de personnes vous envieront votre bonne tasse solide et vous imite-ront? Et si le propriétaire du chariot ou de la camionnette vous offrait une tasse en cadeau à la fin de l'année pour vous récom-penser d'avoir protégé l'environnement?

Si votre bureau comporte une cuisinette, chaque employé devrait avoir sa propre tasse. La tasse de l'invité sera lavée par l'hôte. Tous les autres, patrons ou employés, laveront leur propre tasse.

Apposez sur la porte d'entrée un écriteau qui dit:
«La dernière personne à quitter les lieux éteint tout.»

Un truc simple, mais efficace. L'éclairage mange une grosse part des frais d'opération d'une entreprise: voyez la dernière facture d'électricité. N'oubliez pas la lumière des toilettes et les lampes de bureau. Mais ne vous limitez pas à l'éclairage. Éteignez les ordinateurs, les photocopieurs, les cafetières électriques, les radiateurs, les ventilateurs, les machines à écrire, les imprimantes et tous les autres appareils. Et, bien entendu, baissez le thermostat. Si vous êtes le patron, gagnez l'appui et la collaboration des employés en leur faisant partager avec vous la part ainsi économisée des frais d'électricité.

Accordez une petite remise aux clients
qui fournissent leurs sacs ou leurs boîtes.

Si vous opérez un magasin, vous pourriez aussi fournir ou vendre à votre clientèle des sacs en tissu réutilisables, comme on en voit beaucoup en Europe. L'environnement en sortira gagnant, tandis que vous et vos clients réaliserez une économie d'argent. N'oubliez pas de remercier vos clients lorsqu'ils apportent leur propre sac ou leur boîte. Cela les encouragera et incitera les autres personnes présentes à les imiter.

Que faire si vous disposez d'un peu plus de temps

*Voyez s'il est possible d'utiliser
d'autres produits de nettoyage.*

126

Quels produits servent au ménage de votre bureau? Votre entreprise utilise-t-elle encore des nettoyants et des récurants industriels? Est-ce vraiment nécessaire? Placez une boîte de bicarbonate de soude dans les toilettes avec une étiquette annonçant, en grosses lettres noires, «Récurant pour lavabo». Pour son anniversaire, offrez à votre patron une grosse bouteille de lave-vaisselle non dommageable pour l'environnement. Con-sultez le chapitre 3 pour d'autres idées. Gagnez-vous l'appui du concierge ou des gens qui font le ménage du bureau. Ils seront sans doute heureux d'employer des produits moins toxiques puisqu'ils doivent s'en servir constamment.

*Renseignez-vous sur les dangers
inhérents au secteur dans lequel vous travaillez.*

Travaillez-vous dans un domaine dangereux? Votre santé ou celle de vos collègues sont-elles menacées par votre travail? Renseignez-vous et transmettez cette information à qui de droit. Si nécessaire, obligez vos employeurs à vous protéger des dangers qui menacent votre santé[1].

---

1. À ce sujet, vous pouvez vous procurer un ouvrage produit avec la participation de Greenpeace: *Le pouvoir du citoyen en environnement...*

Isolez votre lieu de travail.

Au travail comme à la maison, économie d'énergie est synonyme d'économie d'argent. Isolez les portes et les fenêtres, les murs et les plafonds, les chauffe-eau et la tuyauterie, et baissez le thermostat pendant la nuit. Plus vaste est le lieu de travail, plus grande sera l'économie, et plus vite vous amortirez votre investissement.

127

Faites en sorte que le «reverdissement» soit l'affaire de tout le monde.

Pourquoi ne pas créer un prix pour la meilleure suggestion de «reverdissement»? Une plante en pot récompenserait à merveille la personne qui aurait eu la meilleure idée. Pas besoin d'être soi-même patron pour introduire un tel concours, il suffit d'obtenir son accord. Vos collègues vous étonneront avec leurs suggestions, vous verrez. Ainsi, vous vous sentirez moins seuls pour sauver la planète. Ça vous donnera du courage.

... *Guide d'intervention québécois*, par Yves Corriveau et Andréanne Foucault, Montréal, Vlb éditeur, 1990, 438 p. *(N.d.t.)*

Vous possédez un commerce de nourriture ou un restaurant?
Pourquoi ne pas essayer les produits biologiques?

La clientèle approuve et encourage l'utilisation de produits biologiques, même si elle entraîne une hausse des prix.

Encouragez la culture locale. Le transport et la livraison s'effectueront sur de plus courtes distances, ce qui réduira la pollution de l'air. Si nous consommons des produits importés, nous nuisons encore davantage à l'environnement et contribuons au prix élevé de la nourriture. Chaque wagonnée d'aliments importés consomme de l'essence du point d'origine au point d'arrivée. En achetant des produits locaux, vous participez à la dépollution de l'air, à la réduction de l'effet de serre et à la sauvegarde de nos terres agricoles.

128

Transmuez en or les déchets de votre entreprise.

De nombreux déchets d'industrie sont utiles à une autre industrie. Regroupez-vous avec une autre compagnie pour réduire vos déchets; vous économiserez ainsi de l'argent. Pollution Probe a publié un excellent ouvrage sur ce sujet, intitulé *Profit from Pollution Prevention*. On peut le commander en envoyant 25 $ à Pollution Probe, 12, Madison Avenue, Toronto, Ontario, M5R 2S1.

Plantez des arbres sur le terrain de l'entreprise.

Y a-t-il de la place pour un ou plusieurs arbres sur les terrains de la compagnie, dans le parc de stationnement ou à côté de l'entrée? Chaque arbre que l'on plante diminue la quantité d'anhydride carbonique dans l'atmosphère, ralentit l'effet de serre, filtre les polluants et prévient les lézardes dans le béton.

Un coup de fil ou deux vous permettront sans doute de trouver quelqu'un qui planterait des arbres à votre place. Renseignez-vous auprès des Scouts et des Guides de votre région, de votre paroisse ou de votre mouvement écologique local. Ils se feront certainement un plaisir de planter un arbre pour vous si vous faites un don à leur organisme. De nombreuses municipalités planteront aussi des arbres sur leur propriété si elle jouxte la vôtre. Renseignez-vous à l'Hôtel de ville. Si vous ne trouvez personne, pourquoi ne pas réunir les employés? Le pique-nique annuel de votre entreprise est un moment idéal pour planter un arbre. Juste avant la partie de base-ball. Vous souvenons-vous de *Arbor Day*[2]? On fêtait ce jour-là en plantant des arbres. N'est-ce pas une tradition qui mérite d'être ranimée? Je parie que vous trouveriez même des commanditaires consentant à vous aider.

---

2. *Arbor Day:* Jour désigné officiellement dans la plupart des États [américains] (généralement entre le 20 avril et le 10 mai), où chacun est invité à planter un arbre. — Étienne et Simone Deaks, *Grand dictionnaire d'américanismes*, Montréal, Select, 1977. *(N.d.t.)*

Renseignez les membres de votre entreprise sur les questions de l'environnement.

Projetez des films ou des vidéos, invitez un conférencier à vos réunions. Votre mouvement écologique local pourra vous renseigner sur les conférenciers disponibles. Sinon, ses membres vous dirigeront vers l'organisme approprié. Vous pouvez axer ces animations sur les besoins spécifiques de votre entreprise, ou offrir des renseignements d'ordre plus général. Invitez tout le monde, du président au balayeur. Réunissez-les à l'heure du lunch, ou même pendant les heures de travail.

> *Pensez planétairement, agissez localement. Le slogan est sans doute usé, mais il fonctionne encore. Commencez à votre table de travail. Transformer tout un groupe de personnes est l'affaire de quelques minutes seulement.*

CHAPITRE 8

À L'ÉCOLE

L'école est ce qui exerce le plus d'influence sur nous, mis à part nos parents et notre famille en général. En repensant à cette époque, j'éprouve parfois de la gratitude, parfois de la consternation. Maintenant que ma fille va à l'école, mon passé me revient. J'essaie d'imaginer comment sa perception de l'école influencera plus tard sa vie d'adulte. Je souhaite avant tout pour ma fille qu'elle accumule de bons souvenirs, qu'elle bâtisse des amitiés durables et qu'elle développe un appétit insatiable de savoir.

L'année scolaire de ma fille est d'environ 186 jours. À raison de 7 heures par jour (incluant l'heure de repas), elle passe donc annuellement plus de 1 300 heures à l'école. C'est un gros morceau de la vie d'une enfant. La conscience écologique de ses camarades et de ses maîtres et leur comportement face à l'environnement la marqueront à jamais.

Nous ne pouvons pas fabriquer du bonheur pour nos enfants. Nous ne pouvons que leur donner un cadre de vie et des conditions d'existence propres à leur procurer le sentiment d'appartenance nécessaire à leur bonheur et à leur bien-être. Nous avons le droit d'exiger qu'ils soient à l'abri du danger dans cette école où ils passent le plus clair de leur temps. Nous voulons qu'ils vivent dans une société qui les protège, bien sûr, mais aussi qui respecte leur environnement.

Pour cela, il faut que chaque activité de l'école, chaque leçon qu'ils reçoivent témoigne d'une grande conscience écologique. Si vous pouvez convaincre les directeurs et les maîtres que l'environnement affecte chacun de nous et que chacun de nos actes affecte à son tour l'environnement, vous aurez beaucoup contribué à inspirer à vos enfants l'amour de leur planète. S'ils apprennent leur leçon, la Terre reverdira.

Nous avons le devoir de léguer à nos enfants une planète en santé, la plus florissante possible. Mais nous devons aussi leur transmettre les outils, le savoir et la sagesse qui leur permettront de poursuivre nos efforts.

Que faire

À la prochaine réunion des parents et des maîtres, proposez la création d'un Comité écologique.

Une des meilleures façons d'éveiller la conscience écologique de l'école est d'entraîner tout le monde à participer à l'effort: les directeurs, les maîtres, les élèves, les concierges, les chargés de cours et les parents. Le moyen le plus rapide d'y arriver est la constitution d'un comité. Non, non, ne rechignez pas. Laissez-moi plutôt vous expliquer ce qui s'est passé à l'école de ma fille.

Je me suis d'abord rendue à la réunion des parents et des maîtres et j'ai demandé si les questions d'environnement préoccupaient l'école. Ensuite, j'ai extrapolé un peu sur certaines questions, celles qui affectent directement nos enfants et, plus globalement, la planète, et j'ai parlé de quelques-unes des choses que nous pouvons faire pour encourager, à l'école, l'éveil de la conscience écologique. J'ai été renversée par la réaction enthousiaste qu'a suscitée mon intervention.

Je me suis portée volontaire pour diriger un Comité écologique. J'avais cru que nous n'atteindrions pas notre vitesse de croisière avant un an ou deux, mais dès la deuxième réunion, nous avions tant de marrons au feu que je n'avais pratiquement aucun effort à déployer. Non seulement le directeur et les enseignants étaient déjà conscients des problèmes, mais ils proposaient déjà des solutions. Je me sentais tout à coup moins seule dans mon entreprise de sauvetage de la planète. Quel soulagement!

Ce livre fourmille d'idées qui vous faciliteront la tâche. Si un seul enseignant ou un seul parent se joint à vous (et vous verrez qu'il y en aura beaucoup plus), ce ne sera pas une tâche, mais un plaisir. À plusieurs, vous accomplirez beaucoup plus que vous n'auriez pu réussir par vous-même.

Préparez un casse-croûte écologique.

Avez-vous déjà vu la poubelle de l'école après le déjeuner? Elle déborde. Pourtant, une seule règle toute simple suffirait à rendre écologiques les casse-croûte de vos enfants: n'y incluez aucun article jetable. Faites quelques petites acquisitions qui vous dureront des années: une boîte à lunch en plastique ou un sac à lunch en tissu et une bouteille thermos élimineront les sacs en plastique ou en papier, les cartons à jus et les pellicules transparentes.

J'ai parlé de cette méthode dès la première réunion du Comité écologique de l'école. Une institutrice de deuxième année en a parlé dans sa classe. Dès notre deuxième réunion, tous les élèves de sa classe avaient des casse-croûte écologiques. Elle n'avait même pas eu à adresser une lettre aux parents. Elle s'était contentée d'expliquer aux bouts de choux ce qu'il convenait de faire, et ils avaient eux-mêmes convaincu leurs parents. Nous étions ravis.

Pour ne pas se sentir exclus, les enfants veulent souvent apporter à l'école un casse-croûte qui ressemble à celui des autres. Mais si nous leur inculquons assez tôt le respect de l'environnement, tous les enfants adhéreront au principe du casse-croûte écologique. Même un peu plus tard, il est encore possible de leur inculquer facilement cette notion. Caroline a un sac à lunch en tissu rouge à fermeture Velcro. Nous emballons ses sandwichs dans des sacs de lait. Caroline a vite appris à rapporter à la maison tous les sacs en plastique que contient son sac rouge. Elle est fière de ses casse-croûte écologiques. Et nous, nous sommes fiers d'elle.

133

Avant d'acheter des fournitures scolaires en septembre, regardez un peu s'il vous en reste de l'année précédente.

Ah! les fournitures scolaires... les enfants en ont-ils vraiment besoin de nouvelles à chaque année? Bien sûr, je me rappelle combien il était agréable d'arriver à l'école le premier jour de classe avec des crayons neufs, pas encore taillés, des cahiers sans tache, des règles et des gommes flambant neuves. Mais où sont passés les restes de l'an dernier? Où croyez-vous que nous avons appris à mettre chaque année au rebut des voitures en bon état, d'excellents vêtements, des appareils ménagers tout à fait fonctionnels? Cela nous viendrait-il de nos premières années d'école? Utiliser des articles neufs serait-il symbole d'un nouveau départ, avec des idées fraîches, des pensées inédites, des idéaux et une philosophie renouvelés? Ou cela n'a-t-il pour fonction que de nous distraire du fait que nous avons, année après année, la même routine de vie et les mêmes vieilles idées?

134

Caroline ne semble pas déçue de commencer l'année avec des fournitures rescapées de son pupitre et du reste de la maison. Sans doute est-ce parce que nous n'avons jamais observé le rituel d'acquisitions du mois de septembre. Nous essayons de la convaincre (et de nous convaincre) que neuf n'est pas forcément synonyme de mieux. Ce principe peut s'appliquer à tous les achats scolaires. La fabrication, la vente et la mise au rebut des manuels, des pupitres, des chaises, des appareils de télévision et des projecteurs de films ont toutes un impact sur notre environnement. Tous ces objets peuvent être réparés s'ils se brisent. Réfléchissez deux fois avant de jeter un article simplement parce qu'il n'est plus neuf.

Les enfants forgent leurs idées même à partir d'expressions courantes. N'oubliez pas de louer la valeur des «bonnes vieilles choses», de les dire fiables, solides, précises, familières et utiles, autant que vous vous extasierez sur la valeur de ce qui est «flambant neuf».

Attention aux photocopies.

Comment diminuer la consommation de papier dans une institution où on ne fait pratiquement rien sans papier? Nous avons déjà parlé ailleurs dans ce livre de photocopier recto verso, de faire du papier brouillon ou de trouver un usage artistique pour du papier imprimé d'un seul côté, et de recycler les papiers fins. La modération est toujours le meilleur choix. Notre sous-directrice a trouvé une solution pour réduire considérablement la quantité de papier utilisé à l'école. Elle reçoit souvent des comptes rendus de réunions, des projets ou des communiqués qui peuvent être utiles à certains des enseignants ou à tous.

135

Ne sachant qui pouvait le mieux profiter de quoi, elle avait l'habitude de tout photocopier et de tout distribuer à chacun. Pour économiser le papier, elle a décidé de réunir toute l'information ainsi reçue dans une reliure volante, consultable en permanence dans la salle des professeurs. Vous voyez ce que je veux dire? Il suffit d'un germe d'idée pour que tout le monde suive.

Si vous disposez d'un peu plus de temps

Mettez sur pied une campagne
pour inciter les enfants à ne pas tout jeter par terre.

«Jetez vos papiers et vos déchets dans une poubelle.» C'est là une des premières leçons écologiques qu'on apprend aux enfants. Regardez la cour de l'école. C'est un vrai dépotoir? Les concierges doivent-ils toujours ramasser les papiers et autres rebuts dans les classes, les corridors, le gymnase ou la salle de récréation? Une campagne scolaire pour contrer les mauvaises habitudes présente toutes sortes d'avantages. L'école sera plus belle, tout le monde s'en portera mieux, et les enfants développeront le sens du civisme.

Lorsque nous jetons n'importe quoi n'importe où, nous polluons un monde où nous vivons tous. L'enfant qui n'a jamais appris à ne pas jeter son emballage de bonbons dans la rue deviendra-t-il l'adulte qui déversera des substances toxiques dans nos cours d'eau? Si les adultes qui polluent l'atmosphère avec des vapeurs nocives avaient appris à ne pas jeter n'importe quoi n'importe où lorsqu'ils étaient enfants, ne réfléchiraient-ils pas deux fois avant d'agir ainsi?

Si votre enfant apprend tôt à ne pas tout jeter par terre, il ou elle deviendra un adulte responsable et conscient de son environnement.

Organisez des remue-méninges entre élèves et enseignants sur les questions d'environnement.

Les projets et les sorties de classe sont l'occasion idéale d'en apprendre plus sur notre environnement. Les enseignants et les élèves doués d'imagination trouveront bien plus d'idées encore que n'en contient ce livre. Nettoyez l'environnement, de la salle commune à la cour de récréation et à la rivière, et même au-delà. La direction de l'école permettra-t-elle aux enfants d'isoler les fenêtres? De construire des cabanes d'oiseaux? De planter des arbres ou de semer des fleurs ou des couvre-sol autour de la cour? De faire du compost? Les enfants pourraient, avec les restes de casse-croûte, faire du compost à lombrics (les enfants adorent ça). Consultez à cet effet le chapitre 11. Ils pourraient aussi coudre des sacs à lunch aux couleurs de l'école. Toutes ces activités pourraient être notées.

Insérez des notions d'écologie
dans toutes les matières enseignées à l'école.

Obtenez la participation de tous les enseignants, quelle que soit la matière qu'ils enseignent. Comment relier mathématiques et environnement? Proposez des casse-tête amusants. Si chaque élève produit deux kilos de déchets par jour, combien de déchets la classe produira-t-elle en une année? Si chaque élève économise huit litres d'eau en fermant le robinet chaque fois qu'il se lave les dents, combien de litres d'eau l'école entière conservera-t-elle en faisant la même chose?

137

  • Histoire et environnement: Quand la pollution de l'air est-elle devenue un problème? En 1970, quand nous en avons entendu parler pour la première fois? En 1860, avec la révolution industrielle? En 1492, quand la seule façon de produire de la chaleur était de brûler du bois ou du charbon?

  • Géographie et environnement: Quels effets entraîne la destruction de la couche d'ozone?

  • Sciences sociales et environnement: Dans quelle mesure peut-on imputer aux sociétés industrialisées les dégâts subis par l'environnement? Les sociétés en voie de développement devraient-elles subir un confort moindre et un niveau de vie inférieur parce que nous avons causé des torts à l'environnement?

  • Lecture, écriture et environnement: On trouve de nombreux ouvrages concernant tous les domaines de l'écologie. Les devoirs pourraient comprendre la rédaction d'essais sur les problèmes reliés à l'environnement et sur les solutions possibles.

*Amenez les élèves à faire des questions
écologiques une priorité de leur milieu scolaire.*

Pourquoi pas un concours pour promouvoir la conscience écologique? Voici quelques idées: un concours d'affiches écologiques, une levée de fonds pour la plantation d'arbres, un concours de jardinage, un concours de slogans écologiques. Laissez les enfants s'en occuper et constituer eux-mêmes le jury. Laissez-les former des équipes pour décider de prix «verts». Vous verrez que, bientôt, ce seront eux qui vous feront la leçon.

138

Exigez pour l'école un milieu non toxique.

C'est le moment de repeindre l'école? Chaque année, des élèves allergiques aux vapeurs de peinture fraîche doivent s'absenter de l'école. Demandez à la direction de n'utiliser que des peintures non toxiques. On trouvera des renseignements à ce sujet au chapitre 9. Les enfants pourraient aussi participer à la décoration de l'école en peignant une murale avec de la peinture non toxique. Voilà une variante intéressante pour un concours de dessin.

Optez pour des agents nettoyants sécuritaires.

Que jette-t-on à l'égout dans votre école? Comme nous ne voyons pas quels produits utilisent les concierges pour faire le ménage après les cours, nous ne nous en inquiétons pas. Mais les écoles utilisent une grande quantité de produits nettoyants. Si nous apprenons à utiliser des produits différents à la maison parce que nous nous inquiétons de ce qui se déverse dans nos égouts et ensuite dans nos lacs et nos cours d'eau, nous devrions nous préoccuper des produits qui servent à nettoyer l'école.

Vous devrez obtenir la participation des concierges et du comité de direction de l'école. Il faut que la direction s'en mêle, et que l'on sache pourquoi il y a lieu de s'inquiéter pour notre environnement. Vous trouverez de bons arguments au chapitre 3.

139

Sollicitez l'aide du conseil d'administration de l'école, ainsi que de groupes communautaires et d'organismes écologiques.

N'oubliez pas que beaucoup de gens mènent la même lutte que vous et que vous pourriez vous faire aider. Renseignez-vous pour savoir si le conseil d'administration de l'école retient les services d'un conseiller en écologie, ou si une pochette d'information est disponible. Contactez un mouvement écologique local pour voir s'il offre les services d'un conférencier ou s'il dispose de films ou de vidéos à l'usage des écoles. Jetez un coup d'œil dans les revues spécialisées: vous y trouverez peut-être des idées d'activités axées sur la protection de l'environnement. Le mouvement roulera très vite tout seul, vous verrez.

Nos enfants sont notre plus précieuse ressource. Ils ont le droit de vivre et de dompter le monstre écologique que nous avons créé. Ne les envoyons pas dans des écoles où leur santé est menacée. *Faisons en sorte que l'école reflète nos convictions et notre foi en l'avenir de la planète.*

140

CHAPITRE 9

RÉNOVATION ET
DÉCORATION DE LA MAISON

Quand j'avais environ cinq ans, papa installait souvent son chevalet de sciage dehors dans la cour pour réaliser toutes sortes de réparations et de petits travaux. Je me souviens très bien de m'être amusée à faire mes propres constructions avec des retailles de bois. À onze ans, les jours de pluie, je dessinais des plans de maisons très détaillés.

141

À la même époque à peu près, papa m'apprit à redresser de vieux clous. Il ne jetait jamais les clous tordus, mais c'était un long travail que de les redresser. Mon frère David et moi avons été entraînés à retirer les clous des planches, puis à les redresser en les aplatissant contre le trottoir avec un marteau, puis à les ranger dans une boîte. À l'adolescence, nous avons aidé à refaire les bardeaux du toit, et nous avons souvent tenu l'autre bout d'une scie passe-partout pour aider papa.

Plus tard, Barry m'a enseigné d'autres techniques de menuiserie, et quand j'ai entrepris la rénovation de la maison, les livres et l'expérience m'ont permis d'apprendre la plomberie, l'électricité, le plâtrage et la peinture. On dirait que la construction et la rénovation constituent chez moi un don naturel. Mais je crois que c'est papa qui m'a appris la plus grande leçon dans ce domaine: garder les vieux matériaux qui peuvent encore servir et ne jamais acheter ce que j'ai déjà à ma disposition.

Mon père possède encore des réserves de bois, d'isolant, de prises électriques, de tuyaux, et d'autres matériaux de construction provenant de vieux travaux démantelés. Quand il commence quelque chose, il a tout ce qu'il lui faut à portée de la main. Souvent, il rit et raconte que, pour tel projet, il a été forcé *d'acheter* des clous!

Papa est fier de l'économie d'argent et de matériaux ainsi réalisée. Il peut vraiment tirer de la farine d'un sac de son. L'an dernier, il a fabriqué une moustiquaire d'excellente qualité avec des restes de bois trouvés dans le bûcher.

Nous avons l'habitude, en Amérique du Nord, de considérer que nos ressources sont illimitées. Combien de fois peut-on voir des articles encore utiles et parfois coûteux finir au site d'enfouissement les jours de cueillette des ordures? On jette tout, la table, la cuvette des toilettes, le miroir, la porte et même l'évier de la cuisine. La fabrication, le transport et la mise au rebut de ces articles grèvent notre environnement. Pendant ce temps, des gens moins fortunés grattent leurs fonds de tiroirs pour pouvoir se procurer les mêmes articles, mais moins coûteux et de moins bonne qualité que ceux que d'autres ont jetés. Et puis, ceux-là aussi finiront au dépotoir, et il faudra retourner au magasin en acheter des neufs.

Barry et moi sommes un peu nomades. J'ai donc rénové plusieurs maisons au cours des ans. Je sais la quantité phénoménale de matériaux qui entrent et sortent d'une maison en construction ou en rénovation. J'admets aussi qu'il est à peu près impossible d'exécuter des travaux de cette nature dans une maison ou un appartement sans quelque gaspillage. Mais si nous avons un peu d'imagination quand nous rénovons ou décorons nos maisons, nous améliorerons beaucoup notre qualité de vie et notre santé, et l'impact sur l'environnement tant local que mondial sera positif.

Que faire

Installez une pomme de douche à débit réduit.

Avec une pomme de douche à débit réduit, vous prendrez une douche tout aussi agréable en consommant de 60 à 70 p. 100

moins d'eau. Nul besoin d'outils spéciaux pour installer la nouvelle pomme de douche, puisqu'il suffit de dévisser l'ancienne et de visser la nouvelle. Ces pommes de douche à débit réduit coûtent entre 15 $ et 65 $, mais n'oubliez pas que le chauffe-eau est responsable d'une grosse partie de vos dépenses d'électricité. Vous économiserez et de l'argent et de l'eau.

> **Si chacun installait des toilettes et des pommes de douche à débit réduit, nous économiserions jusqu'à 75 p. 100 de notre consommation d'eau. Sans doute même n'aurions-nous plus à construire d'autres usines de traitement des eaux usées.**

143

Optez pour une seule ampoule au wattage supérieur plutôt que pour deux ampoules plus faibles.

Une ampoule de 100 watts donne autant de lumière que deux ampoules de 60 watts, mais elle consomme 15 p. 100 moins d'énergie. Là où vous avez le choix, par exemple dans les plafonniers de chambre, de cuisine, de garage ou de sous-sols, préférez la fixture simple à la fixture double.

Équipez de rhéostats vos systèmes d'éclairage.

Abaisser l'intensité des lampes à incandescence vous fera économiser de l'énergie et prolongera la vie des ampoules. Contrairement à ce que l'on croit généralement, le courant nécessaire à un éclairage maximal ne s'écoule pas par le commutateur quand on diminue l'intensité de l'éclairage. En réalité, le courant utilisé est alors plus faible.

Réutilisez, réutilisez, réutilisez!

144 Songez à toutes ces bennes placées à l'extérieur des maisons en rénovation ou en construction et remplies de matériaux de construction qui finiront dans une décharge publique déjà comble. L'Association des entrepreneurs en construction de ma région estime que, pour chaque maison construite, on jette plus de deux tonnes de matériaux comprenant, entre autres, du plâtre, de la brique, des tuiles et des plastiques. Beaucoup de ces matériaux pourraient être triés et réutilisés: c'est précisément ce que l'Association souhaite faire. Mais chaque individu peut faire de même, sur une plus petite échelle.

• **Tapis:** À quoi peuvent servir de vieux bouts de tapis? Mettez-en dans la buanderie du sous-sol ou la salle de loisirs. Utilisez les bonnes parties pour en couvrir le sol du portique arrière. Tapissez-en le coffre de votre voiture pour le conserver propre. Couvrez-en les murs de la cave là où se trouve la chaudière pour mieux l'isoler. Faites-en un grattoir pour le chat.

• **Miroir:** Coupez les coins abîmés d'un vieux miroir et donnez-lui un autre cadre, ou bien, construisez un cadre profond qui cachera les coins. Si le miroir est biseauté, faites-le rétamer (un miroir non biseauté coûte plus cher à rétamer qu'à remplacer). Suspendez-le à la cave où il vous importera peu qu'il soit abîmé; il reflétera la lumière et éclairera mieux la pièce. Coupez-le en languettes et fabriquez un carillon éolien.

• **Panneaux de gypse:** Que faire avec des restes de panneau de gypse? Croyez-le ou non, vous pouvez en ajouter une petite quantité à votre tas de compost. Avec les pièces plus grandes, bouchez des trous.

- **Clous:** Placez-les sur une surface dure telle du béton, le dos de la courbe sur le dessus, et aplatissez-les avec un marteau. Faites rouler le clou à quelques reprises pour voir s'il reste des inégalités. Si vous avez de jeunes apprentis, enseignez-leur comment redresser des clous. Cela les tiendra occupés pendant que vous ferez autre chose. Un enfant de huit ans peut déjà manier un marteau sans se blesser si on le lui a appris.

- **Bois:** Toujours selon l'Association des entrepreneurs en construction, 10 p. 100 du bois requis dans la construction d'une maison est gaspillé. Du bon bois est réutilisable à l'infini. Triez-le selon ses dimensions et vous aurez toujours à portée de la main le morceau qu'il vous faut. J'ai souvent déménagé mon bois de maison en maison, et je suis toujours heureuse d'hériter d'un peu de bois du propriétaire précédent. Je finis toujours par m'en servir. Je garde même de vieilles lattes, toujours utiles pour caler ou assujettir quelque chose.

- **Appareils ménagers:** Votre vieux frigo, déménagé au sous-sol, est un bienfait quand vous recevez un grand nombre de personnes. Il peut aussi servir à garder les boissons fraîches en été. Débranchez-le et gardez sa porte ouverte si vous ne vous en servez pas. Le lavabo ou les toilettes qui ne conviennent pas à la salle de bains neuve sont sans doute parfaits pour le sous-sol ou le chalet.

- **Fixtures électriques:** Un peu plus de lumière à la cave ou au garage peut rendre ces endroits plus sécuritaires et les recoins utilisables. Cet affreux plafonnier s'attirera bien des commentaires, mais un jour, il deviendra une pièce d'antiquité qu'on s'arrachera. Les placards des vieilles maisons n'ont souvent pas d'éclairage. Le style de la fixture importe peu dans un placard. Inutile d'en acheter une neuve quand l'ancienne peut aussi bien faire l'affaire.

- **Portes:** Une porte ôtée ici pourra aller ailleurs dans la maison et assurera l'harmonie du décor mieux qu'une porte neuve. Gardez vos portes. Elles serviront à fermer une pièce supplémentaire, un placard ou une armoire. Les portes unies font d'excellents plateaux de table pour l'atelier, la couture ou l'artisanat, ou pour le bricolage des enfants.

- **Fenêtres:** Certaines belles vieilles fenêtres en pin sont devenues des miroirs: c'est facile à faire et joli. Les fenêtres à vitre simple font d'excellentes fenêtres «intérieures». Elles éclaireront l'escalier ou le corridor ou un autre mur intérieur. Les vitraux, pas assez isolés pour servir de fenêtres extérieures, sont très élégants dans la maison.

146

Quelqu'un a besoin de
vos articles usagés. Trouvez qui.

Si vous ne pouvez réutiliser un article, donnez-le à quelqu'un qui saura s'en servir. De nombreux organismes de charité acceptent des appareils électriques et des meubles usagés en bon état. Les refuges pour femmes pourront vous mettre en contact avec une personne qui refait sa vie et qui ne possède ni argent ni meubles. Les garderies acceptent souvent des divans, des chaises ou du tapis. L'église de la paroisse recueille tout ce qu'elle peut pour son bazar.

Une vente de garage annuelle vous permettra de vous débarrasser d'un tas de choses et vous fera connaître les voisins que vous n'auriez sans doute pas rencontrés autrement. Vous pourriez même réaliser un petit profit. Si vous n'avez pas suffisamment d'articles pour justifier une vente à vous seuls, regroupez vos amis et vos voisins. À la fin de la journée, affichez un écriteau qui dira: «Tout ce qui reste est gratuit.» Laissez tout sur la pelouse et entrez dans la maison. On vous en débarrassera d'une bonne partie.

N'oubliez pas: à moins que vous n'ayez une affection particulière pour un article, il est préférable de permettre à quelqu'un d'autre de s'en servir que de l'abandonner à la cave où il moisira, se brisera, passera de mode ou deviendra inutilisable. Placez une petite annonce dans le journal, sur le babillard du supermarché ou du lavoir de votre quartier pour vendre les articles dont vous ne voulez plus.

Recyclez le métal usagé.

Si vous ne savez plus quoi faire de tout le métal usé accumulé (tuyaux, baignoires en fonte, radiateurs, grils, poêles, sommiers en métal), les marchands de ferraille vous en débarrasseront sans doute. Selon la quantité, un acheteur de métal de rebut vous demandera quelques dollars pour vous en débarrasser, il l'emportera gratis ou il vous paiera pour le prendre.

147

Encouragez les ramasseurs de rebuts.

Les ramasseurs de rebuts contribuent beaucoup à réduire l'encombrement de nos dépotoirs et de nos incinérateurs. Les rues sont une vaste et informelle usine de recyclage. Si vous voulez vous débarrasser d'un gros article qui pourrait être utile à quelqu'un d'autre et que vous n'avez pas réussi à donner ou à vendre, mettez-le sur le bord du trottoir bien avant que les éboueurs passent. Il y a de fortes chances pour qu'il ait disparu quand arrivera le camion.

Cherchez un article usagé qui vous convienne avant d'en acheter un neuf.

Plus nous réutiliserons, moins nous gaspillerons de ressources naturelles en fabriquant de nouveaux produits et en jetant les anciens. Lisez les petites annonces pour trouver des armoires de cuisine, des lavabos, des cuvettes de toilettes, des tapis, des fenêtres, des meubles. Les démolisseurs y annoncent aussi du bois et de la quincaillerie à vendre. Jusqu'à l'année dernière, Barry et moi n'avions pas le plus petit meuble neuf dans la maison, même après 17 ans de vie commune. Nous n'avions que des meubles d'occasion ou des antiquités. L'an dernier, nous avons craqué, et acheté un meuble neuf. Je le regrette amèrement et j'ai juré qu'on ne m'y reprendrait plus.

148

Autant que possible, réparez au lieu de remplacer.

Replâtrez un mur plutôt que de le refaire à neuf. Le plâtre d'autrefois est plus uniforme, plus compact et plus isolant que le nouveau. Je déteste voir des bennes remplies de plâtras et des piles de panneaux de gypse ou de sacs de plâtre entrant dans la maison. Quel gaspillage!

Réutilisez les sous-produits de vos travaux.

S'il vous faut absolument refaire un mur, essayez de réutiliser les restes. Les grands contenants de plâtre déjà préparé sont parfaits, une fois vides, dans le jardin ou dans la maison pour transporter de l'eau ou contenir des ordures ou pour nettoyer les pinceaux. Les seaux plus petits, avec leur anse solide, conviendront aux enfants quand vous irez à la plage. Les grands sacs en papier ou en plastique qui contenaient du ciment ou du sable font de solides sacs à ordures. Quelques magasins de peinture accepteront vos boîtes vides de dissolvant pour les remplir. Les boîtes de carton ondulé qui contiennent vos nouveaux appareils et vos nouvelles fixtures devraient être confiées à une entreprise de recyclage.

149

Louez ou achetez un chalumeau
à gaz pour enlever la vieille peinture.

Les décapants chimiques sont extrêmement toxiques. Vous ne voulez pas qu'ils se déversent dans nos égouts et nos cours d'eau ni qu'ils empoisonnent nos lieux de décharge? Voici une autre option: Pour 11 $ à 14 $ par jour, une entreprise de location d'outils vous fournira un chalumeau à gaz. Faites marcher vos doigts dans les pages jaunes à «Location d'outils». Pour de grandes surfaces, un chalumeau est aussi plus économique que du décapant. En outre, il vous évite d'ajouter du décapant toxique à de la peinture qui l'est déjà. Quelle que soit la méthode employée, n'oubliez pas de bien aérer la pièce.

Déposez la vieille peinture dans des contenants vides de
peinture et emportez-la au dépotoir de produits toxiques
ou attendez le jour de la cueillette spécialisée.

Toute cette vieille peinture pourrait contenir du plomb. Si vous la jetez avec les ordures ordinaires, le plomb finira par filtrer et contaminer votre eau potable. S'il n'y a pas de dépotoir de produits toxiques dans votre région ni de cueillette spécialisée, jetez la vieille peinture dans des contenants à l'épreuve des fuites. Et faites des représentations auprès de votre gouvernement pour qu'il instaure un service de remisage des déchets toxiques.

150

Rercherchez les peintures naturelles ou,
à défaut, préférez les latex aux peintures à base d'huile.

Quand vient le moment de repeindre, envisagez d'utiliser une peinture naturelle, à base d'huile citrique et d'huile de lin, ou un badigeon à base de lait de chaux. On peut les mélanger à l'eau et les teinter avec des pigments naturels végétaux ou minéraux non toxiques. Ces peintures sont disponibles dans toute la gamme de l'arc-en-ciel, en des nuances naturelles, claires et transparentes, sans ajouts artificiels. Faites marcher vos doigts à la rubrique «Peinture» des pages jaunes.

On conseillait naguère la peinture à base d'huile ou aux résines alkydes pour les cuisines et les salles de bains. Mais les dissolvants des peintures à base d'huile contiennent des substances toxiques. J'ai utilisé avec succès du latex dans la cuisine et dans la salle de bains. On trouve les émulsions naturelles (latex ou peinture à base d'eau) en fini mat ou brillant. Elles sont à la fois durables et lavables.

Assurez-vous d'utiliser toute votre peinture.

Il n'y a aucune raison de jeter un contenant de peinture encore à moitié plein. Utilisez tous vos restes de peinture, quitte à les mélanger. Ma sœur Elizabeth et moi avons mélangé des restes de latex en deux teintes de gris, un blanc et un rose, et nous avons obtenu un beau gris tendre qui a servi à peindre le mur du hall d'entrée. Demandez à vos voisins si vos restes de peinture leur seraient utiles, ou vendez-les lors d'une vente de garage. Ou bien, donnez votre peinture à une garderie ou à un refuge.

Si vous n'arrivez absolument pas à trouver quelqu'un qui puisse utiliser vos restes, emportez-les au dépôt de produits toxiques, pas au dépotoir municipal. Certaines municipalités mélangent ensemble tous les restes de peinture ainsi reçus. Il en résulte habituellement une peinture brune que la municipalité donne aux citoyens qui en font la demande. Cette peinture de récupération est très populaire pour peindre les clôtures, les tables à pique-nique ou les hangars.

151

Ne jetez pas de dissolvants dans nos égouts.

Si vous devez utiliser une peinture aux résines alkydes, ne jetez pas de dissolvants dans l'égout. Nettoyez vos pinceaux et vos rouleaux à l'aide d'un contenant vide de peinture ou d'un seau à plâtre vide, en plastique. Faites tremper et frottez vos instruments. Laissez les matières solides se déposer au fond, puis décantez le dissolvant en surface. Conservez-le pour un usage futur. Le dissolvant ou le solide que vous ne gardez pas devrait aller au dépôt de déchets toxiques.

Vérifiez le taux de rendement
énergétique de vos gros appareils électriques neufs.

Lorsque vous achetez un appareil ménager, examinez-en la plaque signalétique, qui vous renseignera sur son rendement énergétique. Un modèle peut coûter plus cher à l'achat mais se révéler plus économique à l'usage.

152

Pourquoi acheter un broyeur à déchets
quand vous pouvez transformer vos épluchures en compost?

Réfléchissez avant de pourvoir votre évier de cuisine d'un broyeur. Vous pourriez transformer en compost toutes ces épluchures, ces cœurs, ces pelures, ces zestes et ces pépins au lieu de les précipiter à l'égout. En outre, un broyeur est un appareil électrique qui consomme de l'énergie qui serait mieux utilisée ailleurs. Consultez le chapitre 11 pour tout ce qui concerne la fabrication du compost.

Si vous disposez d'un peu plus de temps

Installez des réservoirs de toilettes à débit réduit.

Si vous remplacez vos appareils sanitaires, recherchez des toilettes à réservoir de 5 litres plutôt qu'à réservoir de 20 litres. Une famille de quatre personnes peut de la sorte économiser jusqu'à 120 000 litres d'eau par année. Si vous avez un compteur d'eau, l'économie réalisée sera importante.

Isolez votre maison.

153

Puisque vous éventrez vos murs pour rénover, profitez-en pour les isoler au maximum. Vous économiserez tant sur le chauffage que sur la climatisation. Naturellement, n'oubliez pas de calfeutrer les fenêtres et les portes. Vous épargnerez de l'argent et économiserez l'énergie, et vous serez plus à l'aise tant l'été que l'hiver. Le chapitre 6 énumère les raisons qui justifient les économies d'énergie tant pour chauffer que pour climatiser.

Isolez les tuyaux d'eau chaude.

Isolez surtout les tuyaux qui courent le long des murs extérieurs. Une heure à peine suffira pour isoler toute la tuyauterie de la cave, y compris le temps passé à couper et à fixer les segments d'isolant. Et c'est un travail ultrafacile, même pour le bricoleur le moins doué. L'isolant à tuyaux est disponible en plusieurs dimensions dans toute bonne quincaillerie. Lorsque l'eau chaude doit traverser la cave, se rendre à l'étage et parfois à un deuxième ou à un troisième étage, beaucoup de chaleur se perd en route. Chaleur perdue égale énergie gaspillée.

Installez un système de chauffage et de rafraîchissement par pompe au lieu d'un climatiseur, ou annexez une thermopompe à votre fournaise.

154

Une thermopompe vous fera économiser de l'argent tant en été qu'en hiver. En été, la pompe absorbe la chaleur de l'air intérieur et l'expulse vers l'extérieur. En hiver, elle extrait la chaleur de l'air extérieur (oui, même l'air glacial du dehors contient de la chaleur) pour la propulser à l'intérieur à une température plus élevée. La thermopompe est le système de chauffage le plus économique qui soit. Elle pourrait réduire vos factures de chauffage de 30 p. 100. En été, optez aussi pour les ventilateurs de plafond. Ils constituent une solution alternative économique et efficace au climatiseur.

Si vous devez chauffer au bois, installez un poêle à combustion lente ou équipez votre foyer d'un convecteur d'air chaud.

Le foyer ouvert n'est pas une bonne source de chaleur. La plupart sont inefficaces puisqu'ils aspirent plus d'air chaud de la pièce qu'ils ne lui en procurent. Vous pouvez cependant accroître l'efficacité d'un foyer en l'équipant d'un convecteur qui redistribuera l'air chaud dans la pièce. Des portes contribueront aussi à réduire les pertes de chaleur lorsque le feu baisse ou s'éteint.

Mais, tandis que vous y êtes, n'oubliez pas que le bois est un combustible au carbone et que brûler du bois augmente le taux de carbone dans l'atmosphère, ce qui accentue l'effet de serre. Je sais combien un feu de foyer est agréable en hiver, mais réfléchissez à son effet sur l'environnement. Pouvons-nous, en toute conscience, pointer du doigt les Brésiliens qui incendient leurs forêts vierges dans l'espoir de tirer du sol leur moyen de subsistance si nous brûlons le bois de nos propres forêts pour le plaisir de passer une soirée au coin du feu?

155

Évitez d'acheter des meubles fabriqués dans des essences tropicales telles que le teck, l'acajou, le bois satiné de l'Inde ou le palissandre.

Vous achetez des meubles? Certaines des plus belles essences proviennent des forêts tropicales. Malheureusement, en brûlant ces forêts pour créer des pâturages ou pour d'autres motifs douteux, on met très sérieusement leur survie en danger.

Certaines essences rares poussent en bouquets isolés parmi des milliers d'arbres communs. Pour les atteindre, on se contente de raser au bulldozer les arbres jugés inutiles qui les entourent. En outre, les forêts tropicales abritent des espèces animales et végétales si rares que certaines ne vivent que dans un seul arbre.

Selon le Fonds mondial pour la nature, la destruction des forêts vierges entraîne chaque jour l'extinction de trois espèces animales.

Sans les forêts tropicales, les chances de survie de la planète sont pratiquement inexistantes. Les arbres absorbent des milliards de tonnes de carbone qui, s'il est libéré dans l'atmosphère, pourrait augmenter l'effet de serre jusqu'au point de non-retour. Les forêts tropicales dégagent de l'oxygène et de l'humidité, et climatisent l'ensemble de la planète. On les a souvent appelées «les poumons de la Terre». Pour plus de renseignements sur l'effet de serre, voir la section qui traite d'énergie thermique dans le chapitre 6.

Recherchez les bois locaux autant que possible. Voici quelques essences qui peuvent remplacer les essences tropicales: le frêne, le chêne, le hêtre, l'érable, le noyer tendre, le cerisier et le châtaignier d'Amérique. Pour connaître d'autres façons d'aider à sauver les forêts tropicales, consultez le chapitre 15 ainsi que le chapitre 16.

156

Évitez le bois pressé, les panneaux d'aggloméré et les autres matériaux composés d'éléments retenus ensemble par des résines synthétiques qui pourraient contenir du formaldéhyde.

Certains matériaux de construction sont essentiellement toxiques. La résine utilisée pour agglomérer les particules de bois dans les panneaux de bois pressé peut, sur une certaine période, émettre des gaz de formaldéhyde. Le formaldéhyde peut irriter les muqueuses, causer des maux de tête et parfois même attaquer le système nerveux. N'oubliez pas que le formaldéhyde sert à embaumer. En voudriez-vous dans votre salle de jeux?

Les isolants de mousse d'urée formaldéhyde ont été très utilisés pendant un certain temps, mais leurs effets néfastes sur la santé ont obligé tous les propriétaires à les retirer. Le meilleur isolant — et il ne nuit pas à l'environnement — est la fibre de cellulose provenant du papier journal. C'est celui qui contient le moins de produits chimiques toxiques. En outre, on le fabrique avec des tonnes de papier recyclé plutôt que d'utiliser des matériaux neufs.

Les maladies du vingtième siècle n'existaient pas avant la mise au point de matériaux de construction modernes. Leurs victimes sont affectées par les vapeurs émises par le plastique, le béton, les tapis synthétiques et les autres matériaux communément présents dans une maison ou un appartement. Ils doivent donc vivre dans des édifices construits et meublés avec des matériaux de base absolument naturels: le bois, le papier, la pierre, le coton ou la laine. La plupart d'entre nous réagissons faiblement aux substances modernes, mais le fait que certaines personnes soient gravement affectées par elles devrait suffire à nous faire réfléchir aux mauvais choix que nous avons faits dans ce domaine.

Nos maisons contiennent souvent des plastiques, des colles, des résines, du formaldéhyde, des dissolvants, des agents de conservation, des fongicides, des pesticides et d'autres substances toxiques. Souvent, nous ignorons ce que peut contenir la maison neuve que nous venons d'acquérir. Nous souffrons parfois de maux de tête, de fatigue, de nausées, sans relier nos malaises aux matériaux dont est faite notre maison.

Bien sûr, nous ne pouvons pas toujours recommencer à zéro et construire une maison à partir de rien pour nous débarrasser des substances toxiques qui nous entourent, mais chaque nouvelle décision que nous prenons dans le domaine de la rénovation et de la décoration peut être plus écologique que la précédente et contribuer ainsi à améliorer notre qualité de vie.

Évitez les bois traités avec des agents
de conservation, des fongicides ou des insecticides.

Laisseriez-vous traîner de l'arsenic dans votre jardin? N'est-ce pas dangereux? Mais alors, songez à ce patio ou à cette clôture que vous venez d'installer. Demandez à votre marchand de bois si l'arsenic fait partie des agents de conservation du bois qu'il vend. Un autre agent de conservation utilisé couramment est le pentachlorophénol (ou PCP). C'est aussi un poison.

Quand je décidai de construire un carré de sable pour Caroline, tout le bois coupé chez tous les marchands de bois avait été traité ainsi. Il en avait la couleur verte caractéristique et présentait des marques là où le poison avait pénétré. Sachant que les tout-petits mangent et grugent n'importe quoi, je refusai d'acheter du bois empoisonné pour le carré de sable de ma fille et dus me procurer des madriers de cèdre et les couper moi-même à la longueur voulue. Le cèdre résiste naturellement à la pourriture et aux insectes. Je voulais aussi éviter que des poisons filtrent dans le sol et contaminent la cour et le jardin, ainsi que tous les microorganismes qui conservent au sol son équilibre.

158

Assurez-vous que votre bois reste sec pour éviter qu'il ne pourrisse ou qu'il ne soit infesté d'insectes, et prévoyez un drainage adéquat. Là où c'est possible, protégez le bois en y appliquant une couche de vernis ou de cire. Optez pour du cèdre ou pour tout autre bois résistant. Si les termites causent des problèmes dans votre région, évitez tout contact du bois avec le sol. Surélevez le bois au moyen de fondations ou de poteaux en béton.

Vous voulez une pelouse écologique requérant peu d'entretien? Essayez les herbes folles, les sphaignes, les fleurs sauvages, la végétation de savane, les buissons et les arbres indigènes.

Faites l'expérience de l'aménagement paysager naturel. Pouvez-vous avoir une pelouse sans gazon? La culture d'une seule espèce dans une zone donnée, en l'occurrence le gazon, incite à gaspiller l'eau, à contrôler par des méthodes souvent nocives l'invasion d'insectes nuisibles et de mauvaises herbes, et à détruire des plantes et des insectes utiles. Elle entraîne aussi un gaspillage d'énergie en nous forçant à limiter la pousse au moyen de tondeuses électriques ou à essence. Consultez le chapitre 12 pour en savoir plus sur les pelouses.

Ecology Park, au centre de Toronto, est un bel exemple d'aménagement paysager sans gazon. À peine un demi-pâté de maisons sépare du quartier des affaires ce parc de sphaignes, d'herbes sauvages, de savane, de pâturage, de boisés et de marécages où vivent une grande variété d'espèces animales chassées des jardins traditionnels de la ville. L'entretien est réduit au minimum et il n'y a aucun besoin de tondre le gazon. Le parc comprend un «paysage comestible», ainsi qu'une pelouse de fines herbes, des fleurs sauvages, et une petite forêt de feuillus.

159

Rénovez en contournant les arbres.

Sauvez vos arbres. Notre planète en a besoin. Protégez-les de tout dommage potentiel que pourraient leur causer la peinture extérieure, le sablage, le déplacement ou l'installation des bennes de rebuts, ou bien les travaux de terrassement. Bien entendu, quand vos travaux extérieurs seront terminés, plantez d'autres arbres pour les générations à venir.

Planifiez vos travaux de rénovation en tenant compte de l'économie d'énergie.

Renseignez-vous auprès de votre service d'électricité. Peut-être subventionne-t-il les travaux visant à réduire la consommation d'énergie? N'oubliez pas que des améliorations qui vous aident à économiser de l'énergie vous aident aussi à économiser de l'argent. Le profit est double.

> *Quand les murs s'écrouleront et que du plâtras blanchira vos cheveux, rénover ne vous paraîtra pas si contraignant si vous suivez quelques-uns de mes conseils. Partir du bon pied enrichira votre vie et améliorera la santé de notre planète à tous.*

CHAPITRE 10

LA RÉCUPÉRATION

Quand j'étais petite, j'allais parfois avec papa à un endroit qu'il appelait, par euphémisme, «le terrain calamiteux». C'était le dépotoir, là où les ordures de la ville se consumaient dans un feu qui semblait ne jamais vouloir s'éteindre mais qui paraissait aussi ne jamais vraiment brûler. L'air était rempli de l'odeur âcre de la fumée des boîtes de conserves et des plastiques, et aussi des aliments pourris et impossibles à identifier. On disait que l'endroit était infesté de rats, mais je n'en ai jamais vu. Le dépotoir avait une superficie équivalente à un pâté de maisons à peine.

Quand j'ai commencé à rénover des maisons à Toronto, j'ai fait quelques voyages aux dépotoirs municipaux. Cela m'a ouvert les yeux. Je conduisais mon camion d'une demi-tonne entre deux rangées interminables de camions à ordures ultra-pleins jusqu'au faîte d'une montagne de déchets, au long d'une route boueuse et fangeuse à peine visible. En haut, les ordures s'étendaient comme une courtepointe pleine de bosses sur, semblait-il, des kilomètres à la ronde. Les goélands tournoyaient et plongeaient en poussant des cris rauques, et chaque fois la puanteur m'envahissait au point que j'arrachais mon foulard pour m'en faire un masque. Au loin, j'apercevais des arbres et des prés verdoyants.

D'énormes mastodontes poussaient et déplaçaient les ordures dans le vain espoir de les empiler proprement, tandis que les camions continuaient à déverser leur chargement pour redescendre la côte aussi vite. Mon camion s'est embourbé plusieurs fois, et c'est un conducteur anonyme de dépanneuse fonçant à travers le dépotoir comme un chevalier servant qui m'a sortie de là. Le grondement des moteurs, les cris des goélands, le va-et-vient des camions, les ordures volant en tous sens, tout cela se mélangeait pour former un décor bucolique que le soleil couchant, en le baignant de sa lumière, transformait en une vision moderne de l'enfer.

Nous ne savons plus où mettre nos ordures. Pendant des années, nous avons déposé nos sacs de déchets et nos poubelles au bord du trottoir, en sachant qu'on viendrait les cueillir pour les emporter hors de notre vue et hors de nos pensées. Maintenant que nos dépotoirs sont pleins, nous nous étonnons de constater que personne ne veut plus de nos détritus. De nombreuses localités ont maintenant des programmes de recyclage pour diminuer l'encombrement des décharges publiques, et ont fermé les incinérateurs en raison de leurs effets nocifs sur l'environnement et sur la santé des citoyens. Si New York et Toronto peuvent manquer d'espace pour les ordures, cela peut aussi arriver à Knoxville, à Fargo, à Moncton et à Winnipeg.

162 «Cela n'arrivera pas ici», dites-vous. Nous en étions convaincus il y a 10 ans. Maintenant, nous rions jaune quand nous pensons à la barge d'ordures qui s'est vu refuser l'entrée de tous les ports, de New York à la Floride.

Les États-Unis recyclent environ 10 p. 100 de leurs rebuts et le Canada moins de 2 p. 100, tandis que le Japon en recycle 51 p. 100 et certaines villes européennes jusqu'à 65 p. 100. L'Amérique du Nord, qui compte pour 8 p. 100 seulement de la population du globe, produit plus de 50 p. 100 de toutes les ordures de la planète.

Je n'ai pas l'intention de vous inciter à décorer vos bouteilles de ketchup pour en faire des vases à fleurs. Nous pouvons tous proposer des idées d'artisanat qui aideront les enfants à ne pas faire de mauvais coups pendant une heure ou deux, mais cela résoudra-t-il le problème de l'excès d'ordures? Ou bien cela retardera-t-il simplement le moment où la bouteille de ketchup finira au dépotoir? Si vous voulez transformer les rouleaux de papier de toilette ou les boîtes de jus en porte-crayons, c'est très bien. Mais voyons un peu quels articles domestiques peuvent être réutilisés au lieu de finir à la poubelle. Les articles qui peuvent remplacer ceux que l'on achèterait se révèlent particulièrement utiles.

Que faire

Voici quelques usages nouveaux pour des articles que vous auriez sans doute jetés. Trouvez-en d'autres.

163

• **Les cartons de lait:** Barry et moi les coupons à différentes hauteurs pour en faire des casiers de rangement pour le bureau ou pour le tiroir, dans lesquels nous mettons des clous, des vis, des élastiques, des attaches, des trombones, des fusibles, tous ces petits objets qui s'éparpillent et nous encombrent. Votre patron sera sans doute surpris de vous voir instaurer ce système au bureau, mais il en constatera vite les avantages. Les systèmes de rangement que vendent les compagnies d'articles de bureau sont atrocement chers, car on suppose que c'est la compagnie qui paye, pas vous.

• **Les boîtes d'œufs:** Au marché, on remplira en général votre carton vide, ou bien on le remplacera. Assurez-vous que vos œufs sont vendus dans un contenant en carton recyclable (maintenant fait de papier recyclé) plutôt que dans des boîtes en mousse de plastique. Bien que l'on n'utilise presque plus de CFC dans la fabrication de boîtes en mousse (ils ne nuisent plus à la couche d'ozone), ils ne sont toujours pas biodégradables. J'aimerais que les supermarchés récupèrent les cartonnages d'œufs dans le but de les retourner aux producteurs.

Les cartons d'œufs nous servent à classer de nombreux petits objets de l'atelier, des articles de quincaillerie ou des ornements d'arbre de Noël. Deux couvercles collés ensemble peuvent contenir un cadeau et les fonds, de menus articles.

• **Les contenants de nourriture en plastique:** J'enlève le fond des contenants en plastique et je m'en sers pour protéger mes plants de tomates contre les vers gris. Bien entendu, tous les réservoirs de toilettes contiennent un récipient en plastique rempli d'eau pour réduire le débit. Les contenants en plastique peuvent aussi recevoir la pâte à modeler maison des enfants, les blocs et d'autres petites pièces de jeux.

• **Les jarres en plastique:** Certaines jarres de produits nettoyants sont maintenant rechargeables. Proctor & Gamble fait la promotion d'un contenant appelé «Enviropak» pour ses produits Downy et Ivory. Il suffit de transvider le contenu d'Enviropak dans votre jarre vide. Coupez la partie supérieure d'une jarre. Sans le bouchon, elle vous servira d'entonnoir. Avec le bouchon, ce sera une bonne pelle à sucre ou à farine. Les deux moitiés deviendront d'excellents jouets pour le carré de sable. Adoucissez les bords avec du papier d'émeri.

164

Vous pouvez aussi fabriquer un système de rangement d'outils avec une jarre vide. Simplement, coupez-la en un long ruban d'une largeur de 4 cm. À l'aide de punaises, fixez ce ruban au mur, ou à une retaille de bois que vous aurez clouée au mur, en ménageant des ganses de dimension appropriée dans lesquelles vous glisserez votre marteau, vos pinces, vos tournevis ou vos pinceaux.

• **Les lunettes:** Beaucoup d'organismes de charité envoient des lunettes usagées dans les pays du Tiers-Monde où elles sont triées et distribuées aux pauvres qui en ont besoin.

• **Les pots à fleurs en plastique:** Vous pouvez les donner à la maternelle ou à la garderie du quartier, avec leurs soucoupes. Renseignez-vous. S'ils hésitent, dites-leur que vous nettoierez les pots avant de les leur remettre. À chaque printemps, je projette toujours de semer mes propres plants, mais je finis toujours par acheter des jeunes pousses chez l'horticulteur. C'est bien de pouvoir se débarrasser de tous ces pots en plastique. Il m'en restera quand même toujours assez pour faire mes propres semis, si un jour je trouve le temps de le faire.

• **Les boîtes de savon à lessive:** Ce sont des boîtes solides, faites de papier recyclé — par conséquent déjà écologiques. Prolongez leur vocation encore un peu quand elles sont vides. Après les avoir débarrassées du dessus, on peut y ranger des jouets. Coupez les côtés et rangez-y des revues. Rangez-y les ornements de l'arbre de Noël. Ôtez l'un des grands côtés et mettez-y vos semis au printemps.

• **Les vêtements:** Avant de vous en débarrasser, voyez s'ils peuvent servir encore quelque temps en les rapetissant, en les agrandissant, en les rafraîchissant par des accessoires, en les réparant ou en les transformant. Une chemise peut se porter comme une veste légère sur un T-shirt. Un pantalon peut devenir un short. Un bon vieux pull peut être défait et retricoté en foulard.

Ensuite, demandez à vos amis ou aux membres de votre famille si quelque chose leur plaît avant de donner le reste. Parfois, un vêtement dont vous êtes lassés paraîtra tout neuf à quelqu'un d'autre. Qui sait quel trésor vous recevrez en retour? Les vêtements d'enfants sont particulièrement bienvenus. Quand vous faites le ménage de vos garde-robes, n'oubliez pas les organismes de charité tels que les refuges pour femmes, les groupements autochtones, l'Armée du Salut, le bazar de l'église et d'autres œuvres qui sauront apprécier les vêtements que vous leur donnerez.

Vos vêtements sont trop vieux pour que vous les donniez? Sortez vos ciseaux et amusez-vous. Maintenant que vous n'achetez plus d'essuie-tout pour protéger les arbres et les rivières, vous avez besoin d'une bonne réserve de torchons. Ces chemises, ces robes de nuit, ces pyjamas font d'excellentes guenilles. Gardez les boutons et les fermetures à glissière. Vous finirez bien par vous en servir.

• **Les collants et les bas de nylon:** Ils sont parfaits pour filtrer la peinture. Quand vous mélangez plusieurs restes de peinture pour repeindre une pièce, filtrez-les à travers plusieurs épaisseurs de nylon; elles recueilleront les grumeaux qui gâcheraient votre travail.

Des bas de nylon coupés en lanières sont utiles pour tuteurer vos plantes. Leur couleur brune se marie bien au vert des feuilles, ils sont durables et en même temps assez doux pour ne pas endommager les tiges. Je m'en sers pour tuteurer mes tomates, mes roses et d'autres plantes grimpantes. Si vous êtes doués, pourquoi ne pas faire un tapis tressé avec de vieux bas pour le portique arrière ou la buanderie? Il aura l'avantage d'être lavable à la machine.

• **Les draps et les taies d'oreillers:** Avec les draps, faites des taies d'oreillers ou des enveloppes d'oreillers. Avec les taies d'oreillers, faites des sacs à linge sale ou des serviettes de table pour tous les jours. Les draps de flanelle font d'excellents torchons.

• **Les cintres:** Rapportez-les à votre nettoyeur. Ils coûtent de l'argent. La plupart des nettoyeurs sont disposés à les reprendre et à les trier plutôt que d'en acheter des neufs. Il n'y a aucune raison de jeter de vieux cintres.

• **Les sacs en plastique du nettoyeur:** Ils sont la plaie de mes placards. J'ai beau réduire au maximum le nettoyage à sec pour protéger l'environnement, je finis toujours par avoir une énorme quantité de sacs. Ma mère m'a appris à rouler la pâte à tarte sur un sac en plastique. C'est plus facile et plus commode que de la rouler directement sur le comptoir. Mais ma mère fait plus de pâtisserie que moi, et mieux! Je me sers aussi de ces sacs pour ranger les vêtements d'une autre saison dans la garde-robe.

J'ai vu un tapis lavable tressé à partir de sacs en plastique, mais je ne peux pas dire que je le préférerais à un tapis en tissu. Cependant, vous pouvez confectionner avec des sacs en plastique tressés un coussin imperméable pour emporter au stade. Vous pouvez aussi en tresser un tapis de voiture qui absorbera la gadoue en hiver. Quand j'étais petite, nous enfilions des sacs en plastique par-dessus nos bas dans nos bottes d'hiver. Les bottes s'enfilaient plus facilement et les sacs gardaient nos pieds au sec si l'eau ou la gadoue y pénétraient.

• **Les cendres du foyer ou du barbecue:** J'aime avoir une réserve de cendres en hiver. Je m'en sers au lieu de sel quand le trottoir de l'entrée est couvert de glace. L'herbe, les arbres, les fleurs et nos cours s'en portent mieux.

• **Les arbres de Noël:** Votre municipalité opère-t-elle un service de taille du bois? Les arbres de Noël peuvent être taillés en copeaux pour former des sentiers de parcs et des zones de jeux. Une branche d'arbre laissée près de la porte sert à essuyer vos bottes. Les rameaux de résineux font un bon paillis pour vos plantes de jardin. Vous pouvez enfoncer des branches dans votre compost pour séparer le vieux compost du nouveau. Elles se décomposeront à leur tour. Coupez les parties les plus grosses.

• **Les livres et les revues:** Nous avons tous déménagé des caisses et des caisses de livres de maison en maison et d'appar-

166

tement en appartement. Vient un temps où l'on ne se préoccupe même plus de les déballer. C'est le moment d'appeler le marchand de livres d'occasion, ou de les donner à différents refuges, centres communautaires ou hôpitaux qui accepteront de les prendre. Certains organismes de charité étrangers prendront volontiers les manuels scolaires.

Avant d'acheter quoi que ce soit, posez-vous la question suivante: En ai-je vraiment besoin? Est-ce suremballé? Est-ce durable? Des emplettes réfléchies contribueront à résoudre à sa source le problème de l'excès d'ordures. Avant de jeter quoi que ce soit, réfléchissez: Est-ce réutilisable? Est-ce recyclable? Jusqu'où pouvez-vous réduire la quantité de déchets que vous jetez?

167

CHAPITRE 11

«... ET TU RETOURNERAS EN POUSSIÈRE»

Le compost est souvent considéré comme un «amendement de sol», mais cette description ne lui rend pas tout à fait justice. En réalité, il est à la fois riche, brun foncé, friable et à texture humeuse; il est léger et terreux, et il dégage une bonne odeur. Le compost est fait de matières organiques qui, en se décomposant, se transforment en un matériau de base. Autrement dit, il s'agit de matière vivante retournée à la terre.

Ce n'est pas vraiment vous qui faites du compost; le compost se fait de lui-même. La nature n'agit pas autrement dans ces rares coins du globe où l'être humain ne met pas les pieds. Les feuilles tombent au pied des arbres de la forêt, les plantes meurent, les ramilles et les branches s'accumulent sur le sol. Les bactéries présentes dans le sol agissent sur ces matières organiques «mortes» et déclenchent le processus de leur décomposition. Bientôt, champignons et protozoaires se mettent de la partie, puis les insectes et les vers passent à table.

Imaginez un tronc d'arbre pourri, tombé depuis un certain temps. Vous mettez le pied dessus et il cède, sous la forme d'une matière spongieuse et friable: c'est le début du compost. Imaginez une pomme abandonnée là où elle est tombée. Elle est trop décomposée pour être comestible. Ça aussi, c'est le début du compost. En fait, tout ce qui fut un jour vivant et ne s'est pas fossilisé peut devenir du compost.

Si ce n'est pas vous qui faites le compost, c'est vous qui créez les conditions favorables à sa formation. Et c'est si simple que je m'étonne toujours quand on ne s'en donne pas la peine. En contrepartie, je ne suis jamais surprise quand de nouveaux adeptes me disent avec émerveillement à quel point c'est facile.

168

Nous gaspillons tant inutilement! Je me fâche quand je vois qu'on jette de la bonne nourriture. Si je me rends dans un restaurant ou à une réception ou dans n'importe quel lieu public où l'on sert de la nourriture, je constate qu'on jette d'énormes quantités de nourriture bonne à manger. Chez des particuliers aussi, j'ai vu que l'on se débarrassait d'excellents restes après une réception. Chaque fois que je suis témoin d'un tel gaspillage, je me demande si l'on a songé au fait que cette nourriture pouvait être mise au réfrigérateur pour être mangée plus tard, ou bien, dans l'éventualité où la phobie des «restes» ou les règlements auxquels sont astreints les restaurateurs ne peuvent être contournés, si l'on n'aurait pas pu en faire du compost.

169

Il n'y a pas que de la nourriture bonne à manger dans nos déchets de cuisine. On jette aussi des aliments «défraîchis» ou gâtés, ou des choses que, de toute façon, on ne mangerait pas. Pelures de banane, graines de courge, cœurs de pomme, sachets de thé, écales de cacahouète, feuilles de carotte, marc de café, coquilles d'œuf et feuilles de chou-fleur, en voilà quelques-unes. Ajoutez-leur les feuilles des arbres, les rognures de jardin, les mauvaises herbes et les retailles de gazon, et voyez combien la pile de déchets grossit.

Près de 40 p. 100 des ordures municipales
se composent de déchets de cuisine et de jardin.

Pourtant, tous ces déchets et d'autres ne devraient pas devenir des ordures mais un matériau de base pour la fabrication du compost. Le compost, c'est de «l'or vert». Si nous étions capables de diminuer de 40 p. 100 la quantité d'ordures municipales, nous en profiterions immédiatement. Nous aurions 40 p. 100 de moins d'ordures à mettre sur le bord du trottoir et une bonne provision de compost pour nos pelouses, nos jardins et nos plantes d'intérieur.

Toute notre collectivité bénéficierait d'une diminution des taxes municipales (ou, tout au moins, d'augmentations moindres puisque les économies ainsi réalisées seraient sans doute utilisées ailleurs). Et, bien entendu, le problème lié à l'encombrement des dépotoirs serait allégé.

Un autre avantage important du compostage est que n'importe qui peut le faire sans difficulté et sans devoir se conformer à un ensemble de lois et de règlements. Le compostage échappe au contrôle des hommes politiques et des gouvernements; il est entre les mains des individus. C'est vous qui devez décider de quoi votre compost est fait, ce que vous réservez à votre jardin et ce que vous destinez au site d'enfouissement ou à l'incinérateur.

170

Et c'est vous qui en récoltez les bienfaits. Contrairement aux autres fruits de votre labeur, vous conservez ceux-ci. Le gouvernement ne peut — en tout cas, pas encore — s'approprier votre compost pour son propre usage. Plus loin dans ce chapitre, nous verrons comment le compost peut améliorer votre pelouse et votre jardin.

Le compostage est le processus naturel auquel est soumise toute matière organique. Mais quand les êtres humains s'en mêlent et qu'ils accumulent ces matières compostables dans d'immenses lieux de décharge en les mélangeant avec des matériaux non biodégradables tels que le plastique, le processus normal de compostage peut subir un retard de quelques dizaines, voire de quelques centaines ou de quelques milliers d'années. Nous perdons les bienfaits que nous pourrions autrement retirer de ces matières organiques. Ces pelures d'orange et ces feuilles d'arbres, une fois dans les dépotoirs, ne sont pas plus utiles que des boîtes de conserve ou des sacs en plastique.

L'incinération n'est pas non plus une solution valable. La combustion de déchets pollue l'atmosphère en y projetant de l'anhydride carbonique, qui contribue à l'effet de serre. Si nous ne brûlions que nos déchets de table, nous en retirerions des cendres utilisables, mais puisque nous mélangeons les déchets de table avec d'autres détritus, ces cendres, contaminées par des polluants toxiques, constituent des résidus dangereux.

Si nous ne fabriquons pas de compost, nous sommes perdants sur tous les plans. L'augmentation du volume de détritus et des taxes, la grande proportion des terres agricoles ou domiciliaires abandonnées aux dépotoirs, la pollution atmosphérique et le gaspillage de matières organiques sont quelques-unes seulement des conséquences du non-compostage de nos déchets de table et de jardin.

Que faire

171

Faites votre compost dès aujourd'hui.

Ne vous en faites pas si vous n'êtes pas experts. Soyez heureux de faire quelque chose de bien et d'en retirer des avantages. La première règle du compostage est que la plupart des règles peuvent être enfreintes. Le compostage domestique n'est pas une science exacte. Ça me plaît ainsi. Cela signifie que je n'ai pas à me sentir coupable si mon compost ne «fonctionne» pas bien une semaine donnée. Je sais que quoi que je fasse, bien ou mal, le compost se fera d'une manière ou d'une autre et qu'une occasion se présentera toujours de corriger le comportement d'un tas de compost par les ingrédients que j'y ajouterai.

Ma mère recueillait les épluchures de pommes de terre et d'autres légumes sur une feuille de papier journal, puis elle les jetait à la volée dans le grand potager (souvent, c'était ma tâche). Plus tard, en labourant, mon père les retournait dans la terre. C'était la méthode la plus simple pour faire du compost et une excellente façon de se débarrasser des déchets de cuisine tout en amendant le sol.

Il n'est pas nécessaire de choisir un moment spécial ou de se livrer à des préparatifs compliqués pour faire du compost. Il y a plusieurs années, j'ai simplement décidé, un jour, que je n'attendrais plus, et j'ai commencé immédiatement. C'est tout.

Il ne vous faudra guère plus d'une minute pour commencer. D'abord, gardez les épluchures et les feuilles de légumes ou de fruits, tout ce qui a déjà été une plante. Placez-les dans un contenant étanche. À moins que vous n'ayez des souris, un couvercle n'est pas nécessaire. Nous gardons un vieux contenant de crème glacée dans l'armoire sous l'évier. Sur un bout de papier-cache, j'ai écrit «compost seulement» et je l'ai collé sur le contenant, afin que nos invités ne le confondent pas avec une poubelle.

• **Compostez toutes les matières organiques.** Feuilles de brocoli, retailles de plantes d'intérieur, cosses de pois, cœurs de poire, queues de tomate, rognures d'ongle, épis de maïs, pelures de mangue, poil de chat, gruau, écorce de pamplemousse, rafles de raisin, rognures de champignon, cheveux, cœurs de chou, balayures, graines de courge, poussière... voilà une liste partielle de ce que nous mettons dans le contenant à compost sous l'évier.

172

Certaines de ces choses vous surprennent? Votre liste, j'en suis sûre, différera de la mienne, car elle dépendra de vos habitudes alimentaires. Non, nous ne mangeons pas le poil du chat ni les rognures d'ongle, mais les deux sont d'origine organique et donc parfaitement compostables.

• **Hachez, écrasez, pilez, grattez ou déchiquetez ces matières avant de les ajouter au compost.** Hachez les gros morceaux ou les morceaux coriaces, telle l'écorce de pastèque, avant de les ajouter au tas de compost. Ce n'est pas absolument nécessaire, mais cela hâtera leur décomposition. Nous en avons si bien acquis le réflexe, chez nous, que nous le faisons automatiquement quand nous préparons les légumes. Lorsque je retire la tige d'un chou-fleur, je la hache tout de suite et la mets dans le seau à compost. Pour couper les épis de maïs, j'utilise des ciseaux.

S'il m'arrive de me servir du robot culinaire, quand j'en ai terminé et avant de le laver j'y mets les retailles compostables pour les déchiqueter avant de les envoyer rejoindre le tas de compost. Le compost se tasse ainsi plus vite, car les bactéries disposent d'une surface plus grande pour agir, ce qui accélère le processus de décomposition.

• **Choisissez le bon endroit pour votre tas de compost.** Une fois votre seau rempli, vous pouvez commencer votre tas à l'extérieur. La dimension du monticule dépendra de la grosseur de votre famille et de la superficie de votre jardin. Nous sommes trois. Quand nous avions un plus grand jardin et un plus grand nombre d'arbres, nous avions un tas de compost en deux sections (nous y reviendrons) pour une superficie totale de 1 m par 2 m. Maintenant que notre jardin est plus petit, le monticule mesure moins de 1 m². Plus le monticule sera grand, plus il accumulera rapidement de la chaleur et plus vite il se décomposera, mais toutes les dimensions se valent. Un monticule de 1 m par 1 m qui mesure de 1 à 1,5 m de hauteur est suffisamment grand pour accumuler assez de chaleur et hâter le processus de compostage.

173

Si vous disposez d'un endroit discret, derrière un garage ou sur le côté de la maison, ou à l'abri d'un grand buisson, ou dans un coin de la cour, vous n'avez plus qu'à empiler les matériaux de base en couches. Un endroit ensoleillé est préférable à un endroit ombragé, mais mon monticule se comporte bien même à l'ombre. Si votre jardin est petit, sans doute voudrez-vous délimiter et contenir votre tas de compost en le clôturant. Pour le compostage en appartement ou dans une cour minuscule, consultez la section sur la vermiculture et les contenants à compost, plus loin dans ce chapitre.

Si vous voulez vous donner un peu plus de mal, vous pouvez enclore votre monticule au moyen de clôtures à neige, de blocs de ciment ou d'un treillis. L'enclos pourra être rond ou carré. Des murs ne sont cependant pas nécessaires. Le compost se fera même sans eux. Toutefois, si vous décidez de construire une paroi, veillez à ce qu'elle permette une bonne circulation d'air. Une clôture à neige ou de la broche à poulailler contiendront le compost tout en permettant à l'air de circuler. Si vous utilisez des blocs de ciment, disposez-les pour que les trous soient de côté plutôt qu'en hauteur, ou placez-les en quinconce. Vous pouvez aussi ménager une porte ou éliminer complètement le quatrième côté pour accéder facilement au monticule.

Si votre sol est friable ou sablonneux, vous pouvez creuser un trou peu profond qui dissimulera en partie votre tas de compost. Mais attention à ne pas trop creuser: 10 à 15 cm suffisent. Un trou plus profond occasionnerait des problèmes de drainage et de circulation d'air et votre tas de compost conserverait trop d'humidité. Disposez des branches ou des bouts de bois au fond du trou pour mieux aérer le monticule, dont une partie doit être hors du trou.

Quand notre tas de compost était plus gros, nous avions creusé un trou peu profond. J'avais ensuite tapissé ses contours de retailles de contre-plaqué en les faisant dépasser d'environ 15 cm et en les maintenant en place avec des piquets. Cela définissait la hauteur et les contours du compost. Notre sol étant alors très sablonneux, le problème de drainage ne se posait pas.

174

• **À mesure que vous amassez des déchets végétaux, jetez-les sur le tas de compost.** Si vous avez quelques feuilles mortes pour commencer, c'est encore mieux. Les feuilles sont un excellent matériau de compostage. Elles se transforment en un merveilleux humus d'un beau brun riche qui dégage un parfum de forêt. Tous les types de feuilles conviennent, même les aiguilles de conifères et les feuilles de chêne qui sont très acides. J'ai utilisé des boisseaux entiers de feuilles de chêne sans nuire à mon compost. La moisissure de feuilles est un excellent amendement pour les sols argileux ou sablonneux, car elle retient 300 fois son poids en eau.

• **Pour qu'il «cuise», donnez à votre tas de compost le plus de matière organique possible.** Ajoutez à la couche de feuilles initiale vos déchets de cuisine ou toute autre retaille molle, par exemple du gazon ou des feuilles de légumes ou de fleurs du jardin. Si vous avez du terreau en quantité suffisante, saupoudrez-en une couche par-dessus. Les microorganismes qui y sont présents se multiplieront aussitôt et démarreront le processus de décomposition. Si vous n'avez rien d'autre que du terreau, recouvrez-en le tas de feuilles et, pour le reste, attendez. Arrosez légèrement le monticule, sans le détremper. Le deuxième ou le troisième jour, retournez-le avec une pelle ou une fourche. Ensuite, une fois par semaine suffira. Pour hâter leur décomposition, alternez les matériaux afin qu'aucun d'eux ne prédomine sur les autres.

• **Lorsque vous aurez accumulé assez de matériaux, le tas de compost commencera à «cuire»**, c'est-à-dire qu'il contiendra suffisamment de chaleur pour démarrer le processus de décomposition. La «cuisson» détruira les germes de mauvaises herbes et de maladies, et décomposera les matières organiques.

• **Mélangez à volume égal des matériaux carbonés et des matériaux azotés.** Une bonne règle à suivre est le rapport C/A, c'est-à-dire que le volume en carbone et le volume en azote doivent s'équivaloir dans quelque ensemble de matériaux que ce soit. Sommairement, les matériaux carbonés sont en général plus secs et ligneux (les feuilles des arbres, par exemple), tandis que les matériaux azotés sont plus mous, plus spongieux et faciles à écraser (les retailles de gazon ou la plupart des déchets de table, par exemple). Certains spécialistes recommandent des dosages très complexes de certaines matières, mais soyez sans crainte: vous faites votre compost à peu près? Cela fonctionnera quand même.

Un *volume* à peu près égal de chacun des deux matériaux vous donnera un bon compost. Par exemple, mélangez un seau de déchets de table et un seau de feuilles mortes. L'azote démarrera la décomposition, tandis que le carbone équilibrera le mélange pour l'empêcher de pourrir et de dégager une odeur d'ammoniaque. Vous aurez toujours un poids plus grand de matériaux azotés, car ils sont plus denses. Un seau de gazon pèse plus qu'un seau de ramilles.

Mais cette échelle C/A est plus stricte que la façon dont je fais mon compost. Je ne suis vraiment pas aussi méticuleuse. Je ne passe sûrement pas plus de cinq minutes par semaine à m'occuper ou à me préoccuper de mon compost. Croyez-moi, c'est bien suffisant.

• **Attendez-vous à ce que votre tas de compost diminue rapidement.** Parfois, Barry me demande d'un ton accusateur: «C'est encore toi qui as pris du compost?» Cela nous fait toujours rire. Le compost est là, disponible, pour celui qui travaille au jardin. Mais le plus amusant est que le compost diminue considérablement de volume, même quand vous ne vous en servez pas. La simple décomposition peut faire qu'un monticule haut de trois pieds ne mesurera plus qu'un pied et demi au bout de quelques semaines. Il ne faut donc pas vous décourager si votre tas de compost est si énorme que vous croyez en avoir trop. Bien vite, vous en manquerez.

En enfonçant votre main au centre du monticule, vous devriez ressentir sa chaleur. Si le compost ne «cuit» pas, c'est facile à corriger. Il suffit d'ajouter les bons ingrédients. Si le tas est mouillé et dégage une mauvaise odeur, ajoutez des feuilles déchiquetées ou le contenu d'un seau de terre sèche ou même du papier déchiré. Si le compost est très détrempé en raison de pluies ou d'arrosages trop abondants, faites de même. Ensuite, retournez-le tous les jours pour faciliter son séchage.

176

• **Corrigez le mélange si cela ne fonctionne pas.** Si votre compost ne sent pas mauvais mais qu'il ne cuit toujours pas, c'est qu'il contient trop de matériaux carbonés tels que du papier, des feuilles ou des ramilles. Vous devez lui donner des déchets de table ou des retailles de gazon qui lui fourniront l'azote dont il a besoin. S'il est très sec, arrosez-le juste assez pour le maintenir humide.

Si des mouches, des moucherons, des guêpes ou d'autres insectes sont attirés par votre tas de compost, c'est que vous n'avez pas recouvert les déchets de cuisine avec de la terre ou des feuilles mortes. Depuis que je fais du compost, je n'y ai jamais vu de mouches. J'habite en plein cœur de la ville, et mon tas de compost est appuyé contre la clôture. Les voisins ne se sont jamais plaints. Votre monticule n'attirera pas les animaux si vous évitez d'y jeter des restes de viande ou des os, ou si vous les y enfouissez très profondément. Si vous incluez des os dans votre compost, ils finiront par se décomposer, mais ils mettront des années et des années à le faire. Quand, au moment d'utiliser votre compost, vous trouvez un os, vous n'avez qu'à l'enfouir de nouveau avec d'autres matériaux plus lents à se décomposer, telles les petites branches recueillies dans le tamis.

• **Divisez votre compost en deux tas: le nouveau et l'ancien.** Chaque fois que vous ajoutez un matériau nouveau à votre tas de compost, vous devez attendre qu'il cuise pour pouvoir vous servir du produit fini. Si vous êtes impatients d'utiliser votre compost, pourquoi ne pas faire un tas double, dont les deux parties seraient séparées par une feuille de contre-plaqué ou par de la broche à poulailler? La moitié serait du compost prêt à être utilisé, l'autre moitié du compost en train de se faire, auquel vous ajoutez des matériaux nouveaux. Vous pouvez utiliser en alternance du compost de l'un ou l'autre tas ou mettre une couche de compost «fait» sur le tas de compost en train de se faire, avant de lui ajouter une couche de matériaux nouveaux.

• **Apprenez à apprécier les vers de terre.** Vous pensez qu'il n'y a pas de vers de terre dans votre jardin? Faites un tas de compost, et vous verrez qu'en peu de temps ils le trouveront et y dénicheront de quoi engraisser et se multiplier. Barry dit que nos vers de terre sont dodus comme des serpents. Les vers de terre sont d'excellents fabricants de compost. Ils dévorent des quantités astronomiques de matières organiques et les transforment en déjections riches et noires.

J'ai beau ne pas avoir l'estomac délicat, je n'ai jamais aimé toucher à des vers de terre. Mais depuis que je fabrique du compost, j'ai fini par les accepter et même les apprécier. Je n'aime toujours pas ça, mais j'arrive à les prendre dans mes mains, même sans porter de gants, et à les considérer comme des alliés. Si vous ne vous sentez pas prêts pour ce genre de fréquentation, portez des gants de jardinage quand vous manipulez votre compost, car vous rencontrerez certainement un ver ou deux de temps à autre. Vous finirez sans doute par les apprécier. Et si l'un de vos amis aime la pêche, il sera ravi que vous lui donniez quelques vers.

Quand votre compost est-il prêt? De deux semaines à un an seront nécessaires, tout dépendant du volume et du type de matériaux que vous ajouterez à votre monticule. Pour vérifier qu'il est prêt, prenez-en une bonne poignée dans votre main.

S'il ressemble à un beau terreau brun foncé, qu'il est friable, humide, meuble et léger, vous saurez qu'il est prêt. Vous ne reconnaîtrez aucun des matériaux que vous y avez mis. C'est devenu du compost.

• **Attendez-vous à des surprises.** Parfois, les matières organiques qui ont servi à la fabrication du compost peuvent resurgir au moment le plus inattendu. Nous avions mélangé du

177

compost à la terre autour d'une haie d'arbustes au printemps. Pendant l'été, j'aperçus quelque chose qui grimpait le long de la haie. Cela ressemblait à un plant de courge. Curieux, nous n'y avons pas touché et avons attendu de voir ce qui pousserait là. Nous avons récolté six à huit délicieuses courges issues de graines qui ne s'étaient pas décomposées dans le compost. Comme je le disais plus haut, le compostage n'est pas une science exacte. J'ai aussi vu un plant de tomates pousser de la sorte — mais il n'a jamais donné de fruits. Certaines personnes plantent leurs tomates ou d'autres légumes autour du tas de compost, là où un excès de chaleur ne les détruira pas. Si votre tas de compost occupe une superficie assez vaste, il aidera beaucoup vos plants et ceux-ci le dissimuleront.

• **En automne, réservez un tas de feuilles mortes pour les mélanger à vos déchets de table quand arrivera le printemps.** Vous vous souvenez du rapport C/A? Il vous faudra un matériau sec, plus carboné, pour mélanger aux déchets mous que vous aurez conservés tout l'hiver. Gardez un sac ou une poubelle pleine de feuilles. Au printemps, elles auront commencé à se décomposer. Ou bien, entassez-les dans un coin du jardin.

Plus il fait chaud, mieux votre tas de compost se comportera. Où que vous habitiez, vous pouvez continuer le compostage tout l'hiver. À Toronto, les hivers sont très froids, mais cela n'empêche rien. Je dirais même que c'est moins de travail — si cela se peut. Le compostage proprement dit s'interrompt par temps trop froid, mais dès l'arrivée du printemps vous pourrez disposer une couche toute fraîche de matériaux sur le tas de compost qui recommencera aussitôt à accumuler de la chaleur.

• **N'interrompez pas votre cueillette des matières compostables pendant l'hiver.** Tout l'hiver, nous continuons de recueillir les déchets de table dans le contenant sous l'évier. Nous avons aussi placé une poubelle dehors, à côté de la porte de la cuisine. La vôtre peut être sur la galerie, dans le garage ou à côté du tas de compost, mais pensez qu'il est plus agréable, l'hiver, de ne pas avoir à s'emmitoufler juste pour sortir les déchets organiques. Quand le contenant est plein, on le transvide dans la poubelle, dehors. Tout ce qui s'y trouve gèle.

178

J'ai l'habitude de laisser le couvercle entrouvert pour éviter la pourriture et les mauvaises odeurs avant que tout n'ait gelé. Si vous avez un peu de terreau, ajoutez-en. Si les ratons laveurs et les autres animaux s'intéressent à votre poubelle de compost, vous devrez sans doute l'assujettir en posant une pierre sur le couvercle aussi longtemps qu'elle sera assez légère pour que les animaux puissent la renverser sur le flanc pour y fouiller. Dès qu'elle sera assez pleine et que son contenu sera gelé, rien ne pourra la faire bouger.

Je suis toujours étonnée de constater combien mon tas de compost diminue même en hiver. Une poubelle de dimension moyenne suffit à notre famille pendant tout l'hiver pour recueillir les déchets de table. Si votre famille est plus grosse que la nôtre, vous aurez sans doute besoin d'une grosse poubelle.

Ne vous inquiétez pas s'il y a un redoux au cœur de l'hiver. Il y a peu de risques que vos déchets fondent. Au printemps, la poubelle restera gelée jusqu'au moment où l'impatience de travailler dans le jardin vous gagnera. Ce sera sans doute le seul moment où vous devrez endurer un peu de mauvaises odeurs. Car l'anaérobie — soit la décomposition des déchets dans un milieu privé d'air — se sera produit; mais l'odeur typique d'ammoniaque qui se dégagera de la poubelle ne durera pas longtemps.

• **Mélangez vos déchets de table avec les feuilles mortes de l'an dernier.** Si possible, ajoutez-leur une couche de terreau. Les mauvaises odeurs disparaîtront assez vite. Il vous faudra retourner le tas de compost fréquemment pendant quelques jours pour l'assécher. S'il vous reste du compost de l'année précédente, ajoutez-en quelques pelletées. Il contribuera à enrayer les mauvaises odeurs.

Que peut-on encore ajouter au compost?

• Les arêtes de poissons, moins denses que les os de viande ou de volaille, se décomposeront plus rapidement. Comme pour les autres os, enfouissez-les bien afin de ne pas attirer les animaux. S'il reste un peu de peau sur les arêtes, c'est bien aussi.

• Videz votre aspirateur sur le tas de compost. Presque tout ce que votre aspirateur aspire est organique. Croyez-le ou non, la charpie domestique consiste surtout en cellules de peau mortes. Elle contient aussi de la laine ou du coton, des cheveux, des miettes de nourriture et de la poussière. Tout cela est compostable. Je trouve très utile de pouvoir jeter le contenu de mon aspirateur directement sur le tas de compost. Si vous utilisez des sacs jetables, vous pouvez composter le sac en même temps, mais videz-le d'abord et déchiquetez-le. N'oubliez pas que certains sacs peuvent être réutilisés plusieurs fois avant d'être jetés. Il vous suffira alors d'en secouer le contenu sur le monticule.

180

• Les cendres de bois du foyer ou du poêle sont un excellent «édulcorant»; elles hâteront la décomposition. Riches en potasse, elles fertiliseront bien vos plantes. Si vous n'avez pas de cendres chez vous, demandez à vos amis de vous en réserver une boîte la prochaine fois qu'ils nettoieront leur foyer. À défaut de cendres domestiques, vous pouvez vous procurer de la chaux dolomitique que vous saupoudrerez de temps à autre sur votre tas de compost. Ne mélangez pas chaux et fumier: leur interaction occasionnerait une perte d'azote.

• J'ai déjà mentionné les cheveux, mais le répéter ne fera pas de tort. Chaque fois que je nettoie ma brosse à cheveux, je jette les cheveux dans le contenant à compost sous l'évier. Les cheveux coupés y vont aussi. Le poil de notre chatte noire Goldwyn est long et elle en perd beaucoup. Je suis toujours en train d'en ramasser de pleines poignées sur son coussin. Ce poil finit aussi dans le contenant sous l'évier. En fait, tous les poils d'animaux sont compostables: le poil de chien, de lapin, et même de gerbille. Les plumes d'oiseau (si l'oiseau n'est pas malade) conviennent aussi.

• La sciure est un matériau très riche en carbone qui requiert un ajout important de matières azotées pour pouvoir se décomposer rapidement. Toute seule, la sciure se décompose très lentement. Ajoutez-la au tas de compost si celui-ci est trop humide ou malodorant, mais si vous disposez de beaucoup de sciure, il serait préférable d'en faire un monticule séparé qui mettra plusieurs années à produire du compost, plutôt que quelques semaines ou quelques mois. Assurez-vous que ce monticule conservera une humidité constante et ajoutez-lui des matières azotées qui hâteront sa décomposition.

• Les mauvaises herbes qui ne sont pas montées en graines sont excellentes pour le compost. Elles se décomposeront comme n'importe quelle autre matière organique. Si elles sont montées en graines, vous pouvez les ajouter quand même au compost, mais seulement si celui-ci a accumulé assez de chaleur pour les tuer. Sans quoi, l'année suivante, vous répandriez autant de graine de mauvaise herbe que de compost dans votre potager. Si vous ne prévoyez pas utiliser votre compost pendant plusieurs mois, les mauvaises herbes qui y pousseront pourront être arrachées au monticule et enfouies de nouveau.

181

• Les pommes de pin, les samares, les ramilles et autres matériaux ligneux sont azotés et peuvent être ajoutés aux feuilles mortes. Il est préférable de casser les brindilles en petits morceaux. Lorsque les brindilles ont un diamètre plus gros que celui d'un crayon, elles mettent plus de temps que le reste à se décomposer.

• De minces couches d'engrais organique peuvent être ajoutées au compost pour hâter sa formation. Mais les engrais chimiques déplairont aux vers de terre et pourraient nuire aux organismes vivants à l'œuvre dans votre compost. N'utilisez pas d'engrais qui contienne un herbicide.

• Le fumier est aussi une excellente matière organique. En outre, il contient de l'azote, du phosphore, de la potasse et d'autres éléments nutritifs dont votre compost peut bénéficier. Moins riche que d'autres engrais, le fumier est considéré comme un excellent amendement de sol. Si vous ne pouvez vous en procurer dans une ferme, vous en trouverez facilement et à peu de frais dans un centre d'horticulture et même au supermarché, sous une forme déshydratée et pasteurisée. Jetez-en de temps à autre une pelletée sur votre tas de compost.

• Les excréments d'animaux domestiques peuvent être ajoutés à un compost qui n'est pas destiné à fertiliser un potager. Certains experts suggèrent de les laisser se décomposer un an avant d'utiliser le compost ainsi obtenu. En outre, puisqu'ils pourraient attirer les chiens, il est préférable de ne pas les ajouter à un tas de compost à l'air libre. Pour ce qui est des excréments de chat, les opinions diffèrent. La litière elle-même est compostable, mais elle pourrait transmettre les organismes malades présents dans les excréments. Il est donc préférable de n'utiliser le compost qui en contient que sur des plantations de fleurs ou des arbustes, et non pas dans un potager. Les excréments de lapin et de volaille sont riches en azote et doivent se décomposer environ un mois avant d'être utilisés.

• Les cendres de charbon de bois du barbecue sont compostables, mais on ne doit pas, selon certains experts, utiliser des cendres de briquettes, car elles pourraient contenir des substances inconnues. Je me sers surtout du bon vieux charbon fait exclusivement de bois, qui est un excellent amendement au compost.

182

• Les bouts de laine, les retailles de coton, de lin ou de soie finissent par se décomposer puisque ce sont des matériaux d'origine organique. Mais pas les polyesters ni les nylons. Coupez les retailles en tout petits morceaux pour hâter leur décomposition. Vous en rencontrerez souvent en retournant votre monticule si vous en avez mis beaucoup. J'ai déjà ajouté des bouts de laine au compost et, un an plus tard, ils étaient encore visibles. Ils ont fini par disparaître.

• Les détritus de jardin sont tous excellents, des tiges de haricots aux plants de tomates en passant par les pétales de roses. Tout peut aller directement dans le tas de compost. Les matières ligneuses, comme les rognures de haies, devraient être déchiquetées et bien mélangées au reste. Si vous en avez trop, il serait sans doute préférable de les composter séparément. Attention aux rognures malades ou infestées d'insectes. La nielle, la carie, la pourriture noire, l'anthracnose ainsi que les insectes térébrants peuvent tous se transmettre au compost à moins que le tas ne soit vieux d'environ deux saisons. Si vous l'utilisez plus souvent, il serait préférable de brûler les rognures de jardin ou de les jeter. Brûlez-les sur les braises encore chaudes de votre barbecue, un soir. Puis, compostez les cendres.

• Les pelures d'oignon ou d'ail, les écorces d'orange et de pamplemousse ne sont pas le menu préféré des vers de terre. Mais en quantité limitée, bien mélangées au reste, elles conviennent parfaitement au compost. Je n'ai jamais eu de problèmes parce que nous n'en ajoutons à notre tas de compost que des quantités normales.

• Du vieux terreau pourrait contenir de la vermiculite, de la perlite ou d'autres additifs qui, tous, conviennent au compost. Si vous n'avez pas de terre disponible pour en recouvrir votre dernière couche de déchets de cuisine, un pot rempli de vieux terreau fera l'affaire. Bien entendu, la plante moribonde ou morte qu'il contenait est compostable également.

Que faire pour aider à la formation du compost

• Aidez le compost à «cuire» rapidement. Le mieux est de déchiqueter ou de couper en petits morceaux tous les matériaux que vous ajoutez au tas de compost. Un robot culinaire ou un mélangeur convient parfaitement. Ou bien, développez le réflexe de toujours couper les déchets de cuisine en petits morceaux pendant que vous préparez les repas.

• Réduire la dimension des rognures de jardin est plus difficile. Vous pouvez vous procurer un déchiqueteur de feuilles pour environ 170 $ dans les quincailleries ou les centres de rénovation. Ces appareils sont munis d'une hotte où vous jetez les feuilles et les brindilles. Mais si vous n'avez qu'une petite quantité de feuilles mortes, essayez ce truc: remplissez-en une grande poubelle et déchiquetez-les au moyen d'un taille-bordure électrique à fil rotatif que vous insérez dans la poubelle. On dirait un mélangeur géant. C'est une bonne méthode, mais, personnellement, je la trouve moins rapide que le déchiquetage au moyen de la tondeuse.

Nous entassons les feuilles mortes sur un vieux drap ou sur une bâche que nous tirons le plus près possible du tas de compost. Ensuite, nous passons dessus la tondeuse, jusqu'à ce que les feuilles ne soient plus que des confettis. Il est ensuite facile de répandre ce matériau extraordinaire sur chaque couche nouvelle, tant en été qu'en hiver. Assurez-vous de porter un masque quand vous déchiquetez ainsi des feuilles mortes. Elles produisent une grande quantité de poussière.

Je trouve beaucoup plus simple d'ajouter les feuilles au compost que de les enfermer dans des sacs à ordures. Notre municipalité demande maintenant aux résidents de placer leurs feuilles mortes dans des sacs transparents facilement identifiables, car la ville procède au compostage des feuilles. C'est un bon début, mais je trouve plus simple de les composter moi-même.

• Les accélérateurs de compost disponibles dans les centres d'horticulture contiennent des enzymes et d'autres organismes. Si vous n'avez aucun terreau pour démarrer la décomposition, procurez-vous-en, mais cela ne devrait pas être nécessaire si vous pouvez répandre sur votre monticule ne serait-ce que quelques poignées de terreau. Il contient tous les organismes nécessaires à l'accumulation de chaleur. Plus vous lui ajouterez de matériaux organiques, plus les organismes s'y multiplieront.

• Les poubelles, les bidons de plastique ou les sacs en plastique font d'excellents contenants pour le compost. Percez des trous dans la poubelle, le seau ou le sac pour permettre une bonne aération. Placez le contenant dans un endroit si possible ensoleillé. Le compost sera peut-être plus humide que dans un tas à l'air libre et pourrait dégager une mauvaise odeur si le contenant est fermé hermétiquement.

• Les réservoirs à compost en plastique coûtent cher: de 80 $ à 200 $. Ils sont cependant parfaits pour les personnes qui n'ont qu'un tout petit jardin ou aucun endroit où faire un tas de compost. Certaines municipalités les donnent aux résidents ou les leur vendent pour une somme dérisoire. Ils renferment proprement le compost et le protègent des animaux. Ils sont aussi plus jolis.

Le vermicompostage

• Si vous n'avez ni jardin ni cour, mais quand même un peu d'espace, soit un balcon ou une petite table dans votre bureau ou votre classe, vous pouvez quand même fabriquer du compost. Essayez le «vermicompostage», c'est-à-dire le compostage à l'aide de vers de terre. Tout ce dont vous aurez besoin, c'est d'un contenant muni d'un couvercle, de quelque chose pour en tapisser le fond   (herbe, paille, feuilles, papier déchiré) et de quelques vers, si possible des tubifex.

• Le réservoir peut être une boîte en plastique munie d'un couvercle comme celles que vendent les compagnies de déménagement, ou une glacière à pique-nique en mousse de polystyrène, ou même une bonne boîte en carton solide doublée de plastique. Percez une dizaine de trous dans le fond pour le drainage. Posez la boîte sur des blocs de ciment ou des briques posés dans un plateau. Un porte-bottes ou une tôle à biscuits font l'affaire.

• Remplissez le réservoir avec des matières organiques. Celles-ci doivent être humides comme une éponge essorée. Les vers en consommeront l'équivalent de leur poids en une journée. Un réservoir de trois pieds cubes peut accueillir une livre de vers. Achetez-les chez un marchand spécialisé (consultez les pages jaunes sous la rubrique «Pêche - fournitures»), ou bien empruntez-en à une de vos connaissances qui a un jardin, particulièrement si elle a aussi un tas de compost. Vous serez en mesure de les lui rendre dans un an, ou d'en donner à quelqu'un d'autre qui voudra s'adonner à la vermiculture.

185

• Donnez à vos vers les mêmes matériaux qui servent à la fabrication normale du compost, mais évitez les grandes quantités de viande et de graisse. Binez les déchets dans la matière organique.

• N'ayez crainte, les vers ne «s'échapperont» pas dans l'appartement ou le bureau. Ils ne tiennent pas à quitter leur domicile douillet. En fait, si on les sort de leur boîte, ils périront faute de nourriture et d'humidité.

• Protégez vos vers des températures excessives. Si le thermomètre descend au-dessous de 5 °C, rentrez le réservoir dans la maison pour l'hiver. L'été, si le mercure dépasse 27 °C, rentrez les vers dans la maison si vous ne tenez pas à ce qu'ils cuisent. Dans la maison, vous pouvez ranger leur réservoir sous une table, dans un placard, sur une étagère, ou partout où vous placeriez la litière du chat.

• Récoltez votre compost. Quand le lit de matière organique est devenu méconnaissable, poussez le compost d'un côté et remplissez l'autre moitié de nouveaux matériaux et d'autres déchets. Les vers s'y dirigeront. Environ une semaine plus tard, commencez à recueillir le compost formé, couche par couche, délicatement, pour éviter de cueillir aussi des vers.

• Soyez prêts à montrer vos vers aux troupes de curieux qui voudront les voir et apprendre tout ce qu'il faut savoir pour les élever à leur tour.

Que faire avec le compost

• Binez-le dans votre jardin. Vous n'en aurez jamais trop. C'est un excellent amendement de sol et un merveilleux engrais organique. Il broie les sols argileux, améliore la rétention d'eau des sols sablonneux, nourrit tous les sols. Dès que vous utiliserez du compost, vous constaterez combien vos plantes s'en porteront mieux.

• Tamisez-le et répandez-le sur votre gazon. Vous pouvez aussi en remplir les anfractuosités de la pelouse ou simplement le saupoudrer sur l'herbe. Votre pelouse aura l'air sale? Pas de panique. Dès qu'il sera temps de la tondre, il n'y paraîtra plus. Si vous tenez à ce que le compost disparaisse plus vite, arrosez un peu.

• Mélangez-le à votre terreau d'empotage, dans une proportion de 50/50. La plupart de vos plantes d'intérieur ne s'en porteront que mieux, surtout si elles n'avaient pas été rempotées depuis longtemps.

• Essayez le compost en guise de paillis dans le jardin, tel quel ou mélangé à du fumier en proportions égales. Le paillis conserve l'humidité du sol, diminue l'érosion, contrôle les mauvaises herbes et prolonge la saison de croissance. Mais attention à la pourriture du collet. Le paillis peut retenir beaucoup d'humidité pendant les périodes de pluies abondantes, et faire pourrir les vivaces au niveau du sol. Vous éviterez ce problème en laissant un anneau libre de paillis à la base du plant.

• Empaquetez l'excédent de compost. Si vous en faites tant que vous en avez plus que nécessaire (ce qui est fort peu probable), donnez-en à vos amis qui jardinent, offrez-le dans une vente de garage, laissez-le sur votre pelouse avec un écriteau qui dit: «Compost gratuit». Il disparaîtra avant la fin du jour. Promis, juré.

En savez-vous maintenant plus long sur le compost que vous n'avez jamais désiré en savoir sans oser le demander? Voici donc, en résumé, tout ce chapitre: «Mélangez des matières organiques avec de la terre. Gardez ce tas humide. Brassez de temps en temps.»

C'est tout. Rappelez-vous la première règle du compostage: la plupart des règles peuvent être enfreintes. Faire du compost peut être aussi simple ou aussi compliqué que vous le désirez. N'ayez pas peur. Retroussez vos manches et plongez.

Si chacun de nous transformait ses déchets de table et de jardin en compost, le monde produirait chaque année des milliards de tonnes de moins d'ordures.

187

Chapitre 12

JARDINER EN DOUCEUR

Depuis quelques décennies, les jardiniers utilisent couramment des engrais, des pesticides, des fongicides et des insecticides synthétiques. Un insecte vous nuit? Vaporisez-le avec du poison. Les plants sont trop petits? Bombardez-les d'engrais. Aucun problème n'est si anodin qu'il ne puisse être réglé au moyen d'un quelconque produit chimique. Malheureusement, nous commençons à payer pour notre usage immodéré de ces poisons et autres produits chimiques.

Selon Greenpeace, nous lardons chaque année
la planète de deux milliards de kilos de pesticides.

N'avons-nous rien retenu des leçons que nous a enseignées l'usage du DDT? Des années après que ce produit extrêmement toxique eut été banni aux États-Unis, on en décelait encore des traces dans des animaux aussi loin qu'en Antarctique et dans le lait maternel partout dans le monde. Pourquoi avait-on permis son utilisation? Parce qu'on pensait qu'il ferait plus de bien que de tort. On ne tenait pas compte des conséquences à long terme de la contamination de l'eau, de l'air et du sol. Nous ne nous sommes pas inquiétés de l'effet du DDT sur les microorganismes, les insectes, les animaux et les oiseaux. Nous avons vaporisé sans réfléchir.

Je me demande combien parmi les produits chimiques industriels et agricoles que nous utilisons aujourd'hui seront les DDT de demain? Nous ne semblons pas avoir appris nos leçons.

La vaporisation à tort et à travers de poisons dans l'atmosphère, sur les plantes et dans le sol entraîne de nombreux problèmes. Pour les êtres humains, l'exposition aux pesticides peut causer des lésions au foie, aux reins et au système respiratoire. Les pesticides peuvent également provoquer des défauts chez le fœtus, certains cancers ainsi que des maladies neurologiques, ou déclencher toutes sortes de malaises, tel l'asthme.

Des pelouses, jardins et terres agricoles traités, les pesticides peuvent se déverser dans les lacs, les rivières et les nappes souterraines, qui sont nos principales sources d'eau potable. De là à polluer les océans, il n'y a qu'un pas. Les infiltrations de pesticides et d'engrais sont déjà des sources majeures de pollution des côtes en Amérique du Nord, dans les Caraïbes, en Asie du Sud-Est, au Japon, dans la Baltique, la Méditerranée et ailleurs encore dans le monde.

189

La production des pesticides est elle-même dangereuse. Des risques existent certainement là où ils sont entreposés en grandes quantités. Que l'on songe à la fuite tragique qui eut lieu à l'usine de pesticides de Bhopal, en Inde. Elle entraîna la mort de vingt-cinq personnes et occasionna des blessures graves à des milliers d'autres.

Les contenants vides de pesticides contaminent les décharges publiques. En outre, comme ils sont souvent abandonnés aux quatre vents, les résidus qui s'en dégagent contaminent peu à peu l'atmosphère. L'été dernier, j'ai aperçu des douzaines de barils de pesticides vides laissés à l'abandon, au bord d'une fosse d'évacuation située non loin d'un champ de blé des Prairies canadiennes. Les animaux, les oiseaux et les poissons se nourrissent de récoltes et d'insectes contaminés, et ils boivent de l'eau contaminée. S'ils n'en meurent pas, ils sont mangés à leur tour plus haut dans la chaîne alimentaire, ce qui crée des concentrations encore plus dangereuses de pesticides. Les oiseaux peuvent pondre des œufs dont la coquille est trop mince pour permettre à l'embryon de survivre. Le poisson peut n'être pas comestible. Le lait maternel peut représenter un danger pour le nourrisson.

Les toxicologues de la nature disent que l'empoisonnement
des oiseaux chanteurs causé par les produits d'entretien
des pelouses est un cas écologique encore peu étudié
dont on ne fait que commencer à prendre
conscience depuis une dizaine d'années.

Ce ne sont pas là les seuls effets dévastateurs des produits chimiques horticoles. Certaines espèces hybrides ont perdu leur résistance naturelle aux insectes et aux maladies et ne peuvent survivre sans arrosages fréquents. Beaucoup d'insectes résistent maintenant aux pesticides, et les récoltes souffrent encore plus.

Dans les jardins domestiques, la plupart des insectes sont utiles ou inoffensifs, mais presque tous les pesticides les tuent sans discrimination. N'oubliez pas que même les termites sont nécessaires à l'équilibre de la nature et permettent à la terre de se régénérer. Quand on emploie des pesticides, l'insecte utile qui aurait mangé l'insecte nuisible est éliminé, ce qui occasionne une utilisation toujours plus grande d'insecticides. Les bactéries de fixation de l'azote dans le sol peuvent aussi être affectées, appauvrissant celui-ci encore davantage.

Tous les beaux jardins, les parcs et les terres agricoles prospères sont les hôtes d'une grande variété d'espèces végétales et animales, y compris des insectes, des mauvaises herbes, des bactéries invisibles à l'œil nu et d'autres microorganismes. Si nous modifions la complexe variété d'une zone donnée en tentant de n'y faire survivre qu'un seul organisme (par exemple, le gazon des pelouses), nous poussons la nature à agir contre nature. Ça ne marche jamais longtemps, mais nous essayons sans cesse.

On peut chercher à se débarrasser des limaces, des pucerons, des pissenlits ou de la digitaire, mais plutôt que nous livrer à la destruction systématique de tous les insectes et de toutes les mauvaises herbes, nous devrions chercher à résoudre chaque problème un à un. Sans quoi, c'est nous que nous finirons par détruire.

Chaque année, dans les pays en voie de développement, les produits chimiques pour usage agricole empoisonnent 500 000 personnes et en tuent 20 000 autres. Une étude montre que 1 fermier sur 10 présente des symptômes d'empoisonnement.

Partout dans le monde il est fait usage d'engrais et de pesticides chimiques pour améliorer le rendement de sols très pauvres et leur faire donner des récoltes qui les appauvriront davantage. La terre et la vie animale du secteur en sont grandement affectées et les résultats ne sont pas à la hauteur des attentes. Mais il y a du nouveau. Certains pays — la Chine, par exemple —, parce qu'ils encouragent les méthodes de culture biologiques et la conservation du sol, sont en mesure de nourrir convenablement des populations extrêmement denses.

191

Les jardiniers amateurs et les agriculteurs qui s'adonnent à la culture biologique commencent à influencer notre alimentation et la façon dont nous traitons le sol, l'air et l'eau. Dans un grand nombre de villes, certains supermarchés offrent maintenant des produits de culture biologique, alors qu'auparavant il n'était possible de s'en procurer que dans les coopératives ou les magasins d'aliments naturels. Il ne s'agit plus d'un mouvement marginal. C'est devenu une affaire sérieuse.

Que vous cultiviez un grand potager ou seulement quelques tomates, que vous ayez des hectares de pelouse et des douzaines de massifs de fleurs ou seulement quelques pétunias, vous pouvez faire en sorte de contribuer à la purification de l'air que nous respirons, de la nourriture que nous mangeons et de l'eau que nous buvons.

Que faire

Réglez les lames de votre tondeuse
à la position la plus haute.

Ne scalpez pas votre pelouse. La longueur minimale de votre gazon ne devrait pas être inférieure à 6 cm. Une longueur de 7,5 cm serait même préférable. La coupe courte que certaines personnes préfèrent est d'entretien plus difficile, facilite l'apparition des maladies et des mauvaises herbes et requiert plus d'attention.

192

Enlevez le sac de votre tondeuse.

La terre, la pluie et le soleil donneront en retour à votre pelouse du compost gratuit que vous n'aurez même pas à répandre vous-même. Si vos retailles de gazon brunissent et ressemblent à de la paille, c'est parce que les lames de votre tondeuse sont réglées trop bas. Si vous laissez les retailles de gazon sortir du côté de la tondeuse où la pelouse n'a pas encore été coupée, chaque fois que vous repasserez dessus, il sera haché plus finement. Vos retailles mesureront moins de 5 cm et elles tomberont entre les brins d'herbe jusqu'au sol, où elles se décomposeront rapidement. Pour vous, ce sera moins de travail.

Si votre gazon est vraiment trop long et que vous jugez préférable d'en recueillir les retailles, n'oubliez pas de les ajouter à votre tas de compost. Si vous en avez beaucoup, il est préférable de le mélanger avec des matériaux moins denses, telles des feuilles mortes ou des ramilles. Retournez fréquemment le tas pour l'assécher. Cela empêchera l'herbe de dégager une mauvaise odeur pendant sa décomposition.

Renoncez à un coin de pelouse pour en faire un jardin mixte où pousseront des fleurs, des arbres, des couvre-sol et des légumes.

193

Avez-vous vraiment besoin de tout ce gazon? Une pelouse est un écosystème contre nature. En forçant la survie d'une seule espèce (le gazon), on combat le penchant de la nature pour la variété. Tout comme la luxuriante forêt vierge permet la vie de milliers d'espèces animales et végétales, la nature cherche à avoir le dessus sur le gazon en permettant à des mauvaises herbes, à des insectes et à d'autres plantes et animaux d'envahir nos pelouses. Si nous tuons tout sauf le gazon, nous tuons toutes ces espèces différentes nécessaires à l'équilibre de la planète. Une pelouse de plus faible dimension vous donnera en prime: un terrain moins grand à tondre, moins d'entretien, moins d'arrosage, et un paysage plus intéressant et varié.

Résistez à la tentation de recouvrir artificiellement le terrain de votre propriété.

Une pelouse est préférable aux recouvrements de pierre, de brique, d'asphalte ou de ciment. Chaque parcelle de végétation contribue à purifier l'air de la planète, à accroître nos réserves d'oxygène, à prévenir l'érosion du sol et à rendre notre vie plus agréable.

***Passez une soirée dehors à arracher
les mauvaises herbes de la pelouse.***

194

Si vous vous faites aider par un ami, vous bénéficierez en prime de la conversation. Dès les premières belles soirées, aussitôt que les mauvaises herbes auront montré le bout de leur nez, sortez en bonne compagnie pour les arracher. La semaine suivante, vous pourrez nettoyer la pelouse de votre ami.

C'est aussi une excellente façon de voisiner et d'obtenir des tas de conseils gratuits. Il y a plusieurs années, nous avons emménagé dans une ancienne maison avec une minuscule pelouse envahie par le plantain. Un soir, Barry et moi, armés d'arrache-pissenlits à manche court, nous y sommes attaqués. Assis par terre, nous travaillions tout en conversant. Il ne nous a pas fallu plus de deux heures pour tout nettoyer. Nous avons aussi rencontré tous nos voisins, dont certains sont toujours demeurés nos amis. Une autre fois, sur la pelouse plus grande d'une autre maison, nous avons fait la même chose et noué de nouvelles connaissances. Il est intéressant de noter que chaque fois que nous désherbons ainsi, quelqu'un vient nous en remercier. Personne n'aime voir quelqu'un vaporiser des produits chimiques sur sa pelouse. Je n'ai jamais vu personne remercier qui que ce soit d'empoisonner sa pelouse avec des pesticides ou des herbicides.

Passez 20 minutes par semaine à désherber, tôt dans la saison. Vous en retirerez des avantages plus tard dans l'année. Si vous habitez la ville, promenez-vous autour de votre jardin avec un sac en plastique. Glissez-le sur le pissenlit pour empêcher les graines de s'envoler, et arrachez le pissenlit. C'est un jeu que les enfants aimeront. N'oubliez pas, ensuite, d'arracher aussi la racine. Les produits chimiques ne sont pas nécessaires.

Cueillez les insectes à la main tôt dans la saison.

La cueillette manuelle des insectes est un excellent moyen de contrôle à tous les stades de leur développement. Si vous le faites tôt et souvent, il vous sera en général possible d'éliminer les insectes plus nuisibles avant qu'ils n'aient eu le temps de beaucoup se reproduire. Si vous n'avez pas le courage d'écraser des insectes ou des limaces entre vos doigts, portez des gants de jardinage et, au moyen d'une brindille, poussez les insectes dans une cannette d'eau savonneuse. Une promenade matinale dans votre jardin en bonne compagnie est une belle occasion de faire la conversation tout en contrôlant votre population d'insectes. Un autre jour, vous visiterez à votre tour le jardin de cet ami.

N'oubliez pas que la plupart des insectes sont utiles.

La vaporisation de poisons nuit aux oiseaux, aux vers de terre, au sol, à l'air et à l'eau. Certains insectes sont très utiles dans le jardin. Une seule coccinelle, appelée aussi bête à bon Dieu, mangera jusqu'à 1 000 pucerons pendant sa vie, sans parler des cochenilles, des aphidés et des mites. Les libellules, quant à elles, mangent chaque jour des centaines de moustiques.

Les araignées capturent toutes sortes d'insectes volants et rampants. Quand j'avais environ huit ans, ma tante Lenore m'a enseigné à attraper les araignées avec une feuille de papier pour les rejeter dehors. Je n'en tue jamais, dehors ou dedans. S'il m'arrive d'en trouver une dans la maison, je la transporte à la cave ou dehors. Si vous ne pouvez pas apprendre à les aimer, efforcez-vous au moins d'apprendre à ne pas les haïr. Elles sont absolument utiles. Je ne comprends vraiment pas la peur de la Mlle Muffet des contes de Ma Mère L'Oye!

196

Ayez des mangeoires pour les oiseaux
dans votre jardin.

Les oiseaux sont beaucoup plus efficaces que nous quand il s'agit de tuer des insectes. Les hirondelles, dont la passion pour les moustiques est reconnue, comptent maintenant sur les êtres humains pour construire leur nid. C'est en Louisiane que se trouve le plus grand nichoir d'oiseaux qui soit: une tour de 37 m comprenant 1116 nids d'hirondelles. Mais ce n'est pas nécessaire d'en faire autant!

Si vous disposez d'un peu d'espace, un ou deux nichoirs pour hirondelles seront les bienvenus dans votre jardin. Vous trouverez des plans de construction à la bibliothèque municipale. Vous pouvez aussi consulter le chapitre 15, «Cadeaux écologiques», où vous découvrirez où vous adresser pour obtenir des plans. Une courge évidée suspendue à une branche, haut dans un arbre, fera aussi l'affaire.

Pics-bois, fauvettes, pinsons, geais, grives, mainates, moineaux, jaseurs des cèdres, étourneaux et tant d'autres oiseaux dévoreront des milliers d'insectes chaque jour. Une fauvette consommera jusqu'à 6000 pucerons dans une journée, un pic-bois, de 3000 à 5000 fourmis. Si nous empoisonnons les insectes, nous empoisonnons les oiseaux qui les mangent.

Plantez des fleurs ou des buissons qui attireront les oiseaux.

Les oiseaux mangent les graines des pommes de pin et construisent leurs nids dans les conifères. Tout buisson ou arbuste à baies ou à graines attirera les oiseaux. Faites l'essai du petit merisier, du cornouiller blanc, du chèvrefeuille, du houx, du pin blanc, de l'olivier sauvage ou de tout arbuste que votre horticulteur local vous conseillera. Ne craignez pas que les oiseaux se contentent de manger les fruits. Ils viendront pour les fruits et resteront pour les insectes. Les tournesols et les œillets d'Inde attireront aussi les oiseaux. En prime, vous aurez le plaisir de voir de beaux oiseaux et de savoir que vous ne répandez pas du poison partout.

197

Essayez les pesticides biologiques.

Avant de vaporiser quoi que ce soit, posez-vous cette question: à quoi sert d'avoir les roses les plus parfaites qui soient si on est trop empoisonné pour en jouir? À quoi sert d'avoir une pelouse parfaite si les enfants ne peuvent s'y ébattre en raison des produits chimiques qu'elle contient?

Voici quelques recettes maison que vous pouvez préparer dans votre mélangeur. La première éliminera les pucerons, les mouches blanches, les pucerons lanigères et les mites tisserandes sans empoisonner la planète. Son ingrédient de base est l'ail. J'en ferais l'essai sur n'importe quel insecte avant de recourir à quoi que ce soit d'autre.

Hachez très fin deux ou trois bulbes d'ail (pas les gousses, tout le bulbe) ou bien réduisez-les en purée avec un presse-ail ou un mélangeur. Ajoutez 15 ml d'huile végétale ou minérale, mélangez bien et laissez reposer une journée. Dans un pot, dissolvez 50 ml de flocons de savon ou quelques lamelles de savon de toilette dans 500 ml d'eau bouillante (une bonne façon d'utiliser les restes de savonnettes). Le lendemain, mélangez l'eau savonneuse et l'ail. Passez au tamis (de vieux collants font l'affaire, mais vous pouvez vous servir d'une passoire ou de coton à fromage). Rangez le liquide obtenu dans un pot bien scellé et identifié. Quand vous devez vous en servir, versez la moitié du mélange dans 4 litres d'eau. Cette méthode convient à toutes les plantes. Je l'ai utilisée avec succès sur des impatientes en jardinières suspendues.

198   Il existe des variantes du même mélange. Réduisez en purée des oignons crus ou de l'ail et faites-les tremper dans l'eau. Ajoutez de la sauce piquante pour un peu plus de puissance. Ou bien, mélangez à de l'eau des piments jalapeño finement hachés. Profitez d'un jour où votre mélangeur ou votre robot culinaire fonctionne déjà. Vaporisez directement le liquide obtenu sur les feuilles.

Un liquide collant à vaporiser sur les mites tisserandes consiste en un mélange de 500 ml de farine et 125 ml de babeurre dans 8 litres d'eau. Vaporisez les deux côtés de la feuille et répétez 10 jours plus tard.

L'eau savonneuse tuera un grand nombre d'insectes «mous», tels les pucerons. Voici une recette efficace et sécuritaire: 125 ml de savon en poudre (Ivory Neige, par exemple) dans huit tasses d'eau chaude, et quelques lamelles de savon de toilette qui ont trempé dans l'eau bouillante.

• **Limaces et escargots:** Les remèdes maison ne manquent pas, le plus populaire étant de remplir une soucoupe avec de la bière et de la disposer dans un creux pour qu'elle soit au niveau du sol. Les limaces y ramperont et y mourront dans la joie. Si vous effectuez des tournées régulières de votre jardin pour éliminer les insectes, munissez-vous d'une salière. Salez les limaces que vous voyez. Elles exploseront instantanément. Mais attention, ce n'est pas joli à voir. Si vous ne voulez pas découvrir les limaces par hasard, attirez-les avec des écorces d'orange ou de pamplemousse que vous aurez placées dans le jardin, côté chair en dessous, sous une planche. Le lendemain matin, soulevez la planche et... salez. Voici une méthode préventive: saupoudrez de la cendre de bois ou de charbon de bois au pied des plantes. Les limaces gluantes ne rampent pas dans la cendre sèche. Vous devrez cependant répéter l'opération après chaque arrosage ou chaque pluie.

• **Punaises:** Les nymphes de punaises sucent les tiges de gazon qui jaunit puis brunit par plaques. À un seau d'eau, ajoutez 250 ml de savon à lessive (Ivory, par exemple) ou 50 ml de savon à vaisselle. Versez sur la partie affectée. Recouvrez avec un vieux drap ou une serviette et observez les punaises qui cherchent à se sauver en sautant sur le drap. Vous n'avez plus qu'à ramasser le drap et à le tremper dans un seau rempli d'eau savonneuse.

199

• **Perce-oreilles:** Ils mangent parfois les larves d'insectes nuisibles. Soyez prudents. Assurez-vous qu'ils constituent un problème réel avant de vous y attaquer. Attirez-les avec de vieux chiffons que vous laisserez sur le sol pendant la nuit. Au matin, secouez les chiffons et écrasez les perce-oreilles avec vos souliers. Ou bien, placez un tube en carton, un rouleau de papier journal ou une tige de bambou par terre toute la nuit. Le matin, jetez à la rue les perce-oreilles qui y ont trouvé refuge, et écrasez-les, ou encore jetez-les dans un seau d'eau additionnée de savon ou de détergent (votre eau de vaisselle sale fera l'affaire).

• **Guêpes:** Elles aussi sont parfois plus utiles que nuisibles. Certaines espèces de guêpes minuscules sont des prédatrices voraces. Vous ne devriez les décourager que si elles vous embêtent vraiment trop, quand vous travaillez ou quand vous mangez dehors. Un petit coup de laque non aérosol tuera une guêpe. Si vous savez où se trouve le nid, attendez la nuit, quand la plupart des guêpes sont rentrées, remplissez le trou d'accès avec de la crème à raser, puis enfilez un sac en plastique par-dessus le nid. Fermez soigneusement et jetez tout le paquet.

Voici un autre remède, vieux mais efficace. Si votre jardin est assez grand, suspendez un morceau de viande ou de peau de poisson loin de la zone de travail ou des repas. Placez dessous un seau rempli d'eau. La viande attirera les guêpes qui s'empiffreront. Ensuite, trop lourdes, elles tomberont dans l'eau et se noieront. Bizarre? Essayez et vous verrez!

• **Chenilles:** La méthode de contrôle la plus ingénieuse que je connaisse consiste à aspirer les chenilles de l'arbre avec votre aspirateur. Je n'en ai cependant pas fait l'essai moi-même; je me contente de vous transmettre le renseignement. Une femme qui ne manquait pas d'imagination a fixé un tuyau de plomberie en PVC de 3 m de longueur avec du ruban adhésif à son tuyau d'aspirateur, ce qui lui permettait de ne pas avoir à grimper pour aspirer les chenilles de l'arbre. Vous pouvez aspirer aussi d'autres insectes que les chenilles. Mon père aspirait les mouches des fenêtres, puis il bouchait l'extrémité du tuyau pour qu'elles ne s'échappent pas. Assurez-vous que les insectes sont tout à fait morts avant de jeter le contenu du sac de votre aspirateur sur le tas de compost.

• **Mouches, moucherons et mites:** Consultez votre centre d'horticulture pour tous genres d'appareils servant à attraper les insectes volants: pièges, entonnoirs, tentes. Certains pièges dégagent des phéromones qui, en transmettant des messages sexuels, bouleversent les cycles d'accouplement des insectes. D'autres attirent l'insecte dans un piège où il se noie dans une solution d'eau savonneuse ou se colle à un ruban adhésif. Mais attention aux adhésifs enduits d'insecticide. Cela équivaut à tuer les insectes deux fois.

• **Vers gris ou agrotis:** Placez des collets autour des jeunes pousses. J'utilise toujours des anneaux de 10 cm de hauteur taillés dans de vieux contenants de yogourt. Enfoncez l'anneau dans le sol sur environ 5 cm. Des boîtes de conserves auxquelles on a enlevé le dessus et le fond conviennent également. Cette méthode préventive empêche les vers gris de gruger les jeunes pousses avant qu'elles n'atteignent leur maturité.

• **Fourmis:** Saupoudrez leurs nids de borax — on le trouve avec les détergents au supermarché. Ou bien, essayez la diatomite, que vous trouverez à votre centre d'horticulture. Attention qu'elle ne contienne pas un pesticide chimique. Ma mère ébouillante les colonies de fourmis, avec un certain succès. Les fourmis n'endommagent pratiquement rien, sauf votre pelouse. Elles sont inoffensives pour vos pivoines. Vous les verrez grimper sur les boutons de pivoines avant qu'elles éclosent. Le nectar les attire, mais il n'y a pas de quoi s'inquiéter. En cueillant vos pivoines, vous n'avez qu'à les arroser avant de les mettre en pot.

Barry et moi avons découvert par accident une autre méthode. J'avais coupé des pivoines pour en faire un bouquet et constaté qu'elles étaient envahies par les fourmis. J'ai mis les fleurs dans un vase rempli d'eau et je les ai laissées dehors toute la nuit. Le lendemain matin, les fourmis avaient disparu. Barry supposa qu'elles étaient rentrées chez elle. J'étais d'accord.

• **Écureuils:** Avant de planter vos bulbes, secouez-les dans un sac en papier contenant du poivre de cayenne. Les écureuils n'ont jamais déterré les bulbes que j'ai traités ainsi. Une autre méthode consiste à saupoudrer du sang déshydraté sur vos bulbes quand ils éclosent. Pour empêcher les écureuils de manger les graines d'oiseaux, abritez-les au moyen d'un dispositif protecteur en forme de cône renversé, ou encore, recherchez une mangeoire dont la porte se ferme mécaniquement si quelque chose de lourd s'appuie sur le rebord. 201

• **Lapins, marmottes et ratons-laveurs:** une clôture à volaille d'une hauteur d'environ 1 m montée sur des piquets en métal les empêchera d'entrer dans votre jardin. Ne fixez pas les 50 cm du haut, de telle sorte que la partie élevée ballottera et que les animaux ne pourront y grimper. Enfoncez la clôture à 30 cm dans le sol. En ville, mettez le chat dehors pour la nuit. Je doute que notre chatte Goldwyn puisse venir à bout des ratons-laveurs géants de notre quartier, mais ils semblent avoir négocié une sorte de trêve de sorte que les ratons-laveurs ne font presque jamais de dégâts chez nous.

Gardez le jardin propre.

Une bonne hygiène aide au contrôle des insectes et des maladies. Par exemple, ramasser les feuilles tombées des rosiers attaqués par le mildiou empêchera que la moisissure se propage au sol.

Ayez une aussi grande variété de plantes que possible,
et plantez des espèces qui résistent aux insectes
et aux maladies.

Pratiquez la rotation des cultures. Plantez vos tomates ailleurs ou remplacez-les par un autre légume pendant un an ou deux si vous disposez de peu d'espace. Alternez les légumes-racines (pommes de terre ou carottes) et les légumes feuillus (laitue ou épinards), ou les légumes-fruits (tomates, courges) et les légumes herbacés (bette à carde). Ainsi, les insectes et les maladies qui pourraient affecter une récolte seront délogés la saison suivante.

202

Ne compostez pas de plantes malades, à moins de les enfouir très profondément dans un monticule qui a accumulé beaucoup de chaleur, ou dans un compost dont vous ne vous servirez pas avant deux ans.

• **Mildiou de la rose:** Le mildiou est une moisissure qui adore l'humidité. Les feuilles de tomate contiennent de la solanine, qui empêche sa formation. Conservez les feuilles de tomates quand vous émondez. Hachez-en 500 ml que vous mélangerez à 8 litres d'eau. Ajoutez 10 ml de fécule de maïs ou de babeurre pour permettre au mélange de se fixer sur les feuilles. Gardez le mélange au réfrigérateur et vaporisez-le sur vos rosiers chaque fois que nécessaire.

La meilleure méthode de contrôle de la moisissure des feuilles est l'hygiène. Ramassez les feuilles malades et brûlez-les dans votre barbecue ou mettez-les aux ordures dans des sacs soigneusement fermés. Les feuilles atteintes de mildiou sont une des rares rognures de jardin que je ne composte pas. Quand vous arrosez vos rosiers, veillez à ne pas mouiller les feuilles. Le mildiou s'attaque plus facilement aux feuilles humides.

Faites l'essai des plantes compagnes.

L'association de plantes compagnes est une méthode très populaire auprès des jardiniers. Il s'agit de planter côte à côte des espèces bénéfiques les unes aux autres. Elles lutteront mieux contre les parasites et les maladies sans qu'il soit besoin d'utiliser des produits chimiques. Personnellement, je n'ai jamais eu beaucoup de succès en employant cette méthode, mais comme me dit Barry, «tu ne sais pas si le problème n'aurait pas été beaucoup plus grave si tu n'avais pas essayé de l'enrayer ainsi». Et je n'ai jamais eu assez d'espace pour mener en même temps deux récoltes, dont l'une aurait été «contrôlée» normalement et l'autre selon cette méthode.

203

J'ai tenté il y a quelque temps de planter des tomates parmi les rosiers pour contrôler le mildiou, mais les résultats ont été plus ou moins satisfaisants. Les plants de tomates ont bien profité du compost et ont crû en hauteur, en largeur et en volume, mais ils se sont complètement empêtrés dans les tiges épineuses des rosiers. Les tomates étaient magnifiques, mais je pense que tout cet excès de feuillage autour des roses, en diminuant l'aération, a partiellement enrayé mes efforts pour prévenir l'apparition de moisissure.

L'ail est réputé repousser beaucoup d'insectes. L'oignon et la ciboulette éloignent la mouche de la carotte. On dit que les petits œillets d'Inde sont bons pour les tomates, les pommes de terre et les haricots. La menthe, le thym et la sauge sont censés éloigner l'altise du chou. Pour décourager le criocère de l'asperge, plantez des tomates à côté. Quant au basilic, il protégera les tomates contre les sphinx. Je vous dis cela sous toute réserve. Ces compagnonnages peuvent être efficaces dans certains cas et ne pas l'être tout à fait dans d'autres. Mais si l'expérience vous intéresse, tentez-la. Elle ne peut pas faire de tort.

Évitez les engrais chimiques.

Si vous jugez nécessaire d'engraisser le sol, quel engrais utiliser? Le meilleur engrais à pelouse est ce beau compost riche que vous fabriquez toute l'année. Saupoudrez-en sur votre pelouse. Binez-le dans vos plates-bandes de fleurs et de légumes. Certains engrais dits biologiques et inoffensifs pour les microorganismes du sol ainsi que pour l'eau des lacs et des rivières sont plus dommageables qu'on le prétend. Je suis d'avis que rien n'est parfait dans ce monde. Or, si vous devez utiliser un engrais, choisissez l'engrais le plus biologique que vous puissiez trouver. À défaut de compost, votre centre d'horticulture vous suggérera d'autres engrais naturels.

204

La cendre de bois, la chaux ou le phosphate, la poudre d'os, le fumier et le sang déshydraté sont tous d'excellents engrais naturels. Vous en trouverez, ainsi que d'autres additifs biologiques, à votre centre de jardinage. Les paillis de retailles de gazon, de papier journal, de foin, de feuilles, même les paillis faits de sacs de papier brun sont bénéfiques pour votre jardin puisqu'ils y conservent la chaleur et l'humidité. Un paillis de feuilles d'aluminium repoussera les aphidés. Avec un râteau, écartez les paillis des plantes atteintes de moisissure.

Assurez-vous que la compagnie qui entretient votre pelouse n'utilise pas de produits chimiques. Sinon, magasinez pour trouver une compagnie qui emploie des produits biologiques.

Plusieurs entreprises de jardinage plantent de petits écriteaux de mise en garde sur les pelouses après les avoir traitées: c'est un signe certain que du poison a été vaporisé. Heureusement, les entreprises qui ont cessé l'emploi de ces produits sont de plus en plus nombreuses. Plusieurs d'entre elles offrent des services de jardinage biologique plutôt qu'un contrôle chimique.

205

Recherchez les variétés de plantes domestiques et hybrides.
Renseignez-vous sur l'origine des plantes
que vous vous procurez.

Assurez-vous que vous achetez des bulbes cultivés, et non pas des bulbes sauvages cueillis dans des pays où les lois sur la protection de l'environnement sont peu sévères. Ne déterrez pas de plantes sauvages et ne les achetez pas au marché pour les transplanter dans votre jardin. Elles ne survivraient sans doute que quelques années, et vous contribueriez peut-être à l'extinction d'une espèce. Évitez de vous procurer des variétés importées tels les aloès nains ou les euphorbes de Madagascar, tous deux très rares. Évitez aussi les bulbes de cyclamens «rustiques», les *Tulipa praecox* (vous pouvez acheter les autres variétés), les perce-neiges géants, les scilles et l'aconit d'hiver à fleurs jaunes.

Procurez-vous des légumes et des fruits
de culture biologique.

Encouragez la culture biologique. Si votre supermarché ou votre magasin d'aliments naturels offre des fruits et des légumes biologiques, achetez-en au moins une fois. S'ils n'en ont pas, demandez-les. Leur prix sera parfois plus élevé que celui de fruits et de légumes cultivés commercialement, mais plus nous encouragerons la culture biologique, plus les magasins vendront de ces produits, plus les prix deviendront concurrentiels. À long terme, culture biologique sera synonyme de diminution de la production de produits chimiques à travers le monde, et de sol plus riche plutôt que d'appauvrissement du sol. Peut-être préférerez-vous ces produits au point de ne plus vouloir en acheter d'autres? Et puis, votre santé ne mérite-t-elle pas que vous dépensiez quelques sous de plus?

206

Plantez un arbre cette fin de semaine.

Si vous avez assez d'espace chez vous, au bureau, à l'école, plantez un arbre. Les arbres sont essentiels au maintien de la santé planétaire. Ils filtrent l'air que nous respirons, fournissent de l'oxygène à la planète, empêchent l'érosion du sol, abritent les oiseaux, les insectes et d'autres animaux, contribuent à ralentir l'effet de serre, climatisent l'air en le rafraîchissant l'été et perdent leurs feuilles l'hiver pour permettre au soleil de réchauffer la terre.

Donnez un saule discolore au parc, un chêne à l'école, une épinette à l'hôpital ou un cerisier à la municipalité à la mémoire de quelqu'un. Offrez — avec votre aide pour le planter — un tilleul en cadeau de graduation, un gingko aux amis qui emménagent dans leur nouvelle maison. Si on vous demande ce que vous voulez pour votre anniversaire, dites que vous voulez un pin d'Écosse ou un pommier.

Un des plus beaux cadeaux qui m'aient été offerts est un érable, présent de mes parents quand Barry et moi avons acheté notre première maison. Notre voisin était un jardinier à la retraite qui cultivait un magnifique jardin. Il n'avait encore jamais vu une femme planter un arbre. Je l'assurai qu'il en verrait encore. J'ai beaucoup aimé cette maison, mais c'est l'érable qui me manque le plus depuis que nous l'avons quittée.

Je pense souvent avec reconnaissance à la personne qui, il y a plus de soixante ans, dut planter l'énorme érable à sucre qui atteint le deuxième étage de la maison que nous habitons actuellement. Cet érable rafraîchit si bien la maison en été que je puis travailler dans mon bureau du deuxième étage sans climatiseur, même pendant la canicule.

Il est aussi l'hôte de toutes sortes d'oiseaux: cardinaux, geais, grives et corneilles; il sert de voie rapide et de terrain de jeux aux écureuils noirs, aux écureuils gris et aux écureuils roux; il agit en tant qu'auvent pour les chambres du devant. C'est une présence calme et accueillante dans notre rue.

Plus le contact sera étroit entre nous et notre planète, entre nous et l'air, la terre et l'eau, plus nous respecterons la diversité de la nature.
«Adresse-toi à la terre pour qu'elle t'instruise.» Job XII, 8.

CHAPITRE 13

UN PETIT CHALET
VERT DANS LA FORÊT

Les êtres humains ne demandent de permission à personne quand ils veulent envahir un coin de la planète. Ils arrivent et s'installent, c'est tout. Autrefois, on appelait cela partir à l'aventure, agir en pionnier, jalonner des routes, et toutes sortes d'autres robustes métaphores de la liberté.

Je suis tout à fait pour le camping. J'adore m'échapper dans la nature et observer le scintillement de ces étoiles que nous ne voyons jamais en ville. J'aime m'endormir sans entendre un seul bruit qui ne provienne de la nature. Il me semble important que chacun de nous se rapproche le plus possible de la nature.

Ma sœur Frances a eu la chance d'épouser un homme qui possédait un chalet, et mon beau-frère Tiit nous y a toujours généreusement invités. Pendant mes séjours là-bas, j'ai pu constater que les propriétaires de chalets et les campeurs se plaignent de plus en plus souvent de ce que les lacs sont pollués, les forêts moribondes, les voisins bruyants. Par malheur, on ne saurait, en pleine nature, rendre les grosses entreprises responsables d'un tel état de chose. Mais puisque ce sont les individus qui sont à blâmer, les individus peuvent eux-mêmes contribuer à redresser la situation.

Ceux qui ont la chance de passer du temps en pleine nature ont la responsabilité de lui conserver son état primitif. Une nature primitive est une nature qui n'a pas connu d'intervention humaine.

Si nous envahissons le domaine des orignaux, des castors et du poisson, que penseront-ils de l'état dans lequel nous le leur laisserons en partant? Verront-ils en nous des invités détestables qu'ils ne voudront plus recevoir chez eux? La nature n'héberge pas que ces quelques animaux identifiables, mais des milliers d'espèces, quelques-unes microscopiques, certaines que nous ne connaîtrons jamais, qui contribuent toutes par leur interaction à l'équilibre et à la croissance écologiques. Nous sommes chez elles des invités privilégiés. N'abusons pas de nos privilèges.

Que faire
Au chalet ou au camp

209

Emportez votre bassine d'eau à 50 m au moins du lac ou de la rivière quand vous lavez vos cheveux ou quoi que ce soit d'autre.

Les membres de ma famille lavent leurs cheveux dans le lac depuis très longtemps, mais cette année est la dernière. Bien que nous employions un shampoing biodégradable, je ne peux plus justifier tout ce shampoing jeté à l'eau. Nos enfants se baignent dans le lac, on y pêche, des oiseaux font leur nid sur ses rives et des plantes poussent le long de la grève. Le shampoing ne fait pas partie de l'écologie marine. Je sais que je regretterai sans doute de m'être ainsi commise publiquement: laver ses cheveux dans le lac est si simple. Nous nageons tous les jours et le shampoing attend là, au bout du quai. Je m'aliénerai sans doute tous les membres de ma famille qui croiront que je les montre du doigt et que je prétends être plus catholique que le pape. Mais si je vous demande de renoncer à cette activité pour le bien de l'environnement, comment pourrais-je faire le contraire de ce que je prêche?

Si vous avez déjà enfilé votre maillot de bain, deux minutes suffiront pour vous mouiller les cheveux dans le lac, puis emporter un seau d'eau dans les bois où vous vous shampouinerez et vous rincerez.

Jetez votre eau de vaisselle sale loin du lac.

Si vous lavez votre vaisselle dans une bassine, assurez-vous que votre savon est écologique. Si vous n'arrivez pas à en trouver, utilisez des flocons de savon. Ils se dissoudront peut-être plus lentement, surtout si votre eau est calcaire. Mais il seront tout aussi efficaces pour laver votre vaisselle. Les détergents contiennent des phosphates, des enzymes, des parfums et d'autres ingrédients qui nuisent à l'eau de nos lacs. Le savon en flocons se décompose rapidement. Si vous n'avez pas de fosse septique, permettez au moins à la terre de décomposer quelques-uns de ces ingrédients avant qu'ils ne s'infiltrent dans l'eau du lac.

210

Mangez des oranges pour éviter d'avoir à utiliser des insecticides et des pesticides.

Les insectes n'aiment pas l'odeur que dégage notre peau quand nous avons mangé des oranges et d'autres agrumes. (Mais évitez les bananes — c'est leur parfum préféré.) Chaque moustique tué avec de l'insecticide est remplacé par des centaines d'autres. Chaque fois que nous employons un poison, nous courons le risque de tuer nos prédateurs d'insectes naturels, c'est-à-dire les oiseaux. Nous tuons aussi les insectes utiles en même temps que les insectes nuisibles. Et nous devons compter toujours plus sur les insecticides.

Évitez les parfums ainsi que les shampoings, les désodorisants ou les crèmes qui en contiennent. Ils attirent les insectes.

Les insectes sont attirés aussi par les couleurs sombres. Portez des vêtements clairs quand vous vous baladez en forêt.

À l'intérieur du chalet, conservez toute la nourriture dans des bocaux de verre ou des contenants en plastique hermétiquement fermés. Si vous apercevez une fourmi ou une mouche, vous ne craindrez pas pour votre nourriture. Vous pourrez aussi laisser les aliments non périssables dans l'armoire quand vous partirez, en étant sûrs que les insectes ne les envahiront pas, que les pesticides ne les contamineront pas, que des souris ne s'y attaqueront pas.

Au chalet aussi, les hirondelles apprécieront que vous leur érigiez un nichoir.

211

N'enduisez pas les barques, les quais ou les filets à poissons de produits préservatifs.

Les peintures à base d'étain qui servent à protéger les bateaux et les quais contiennent habituellement du tributylétain, un produit chimique extrêmement toxique. Ces enduits préservatifs empêchent les algues et les mollusques tels les bernacles et les moules de coller aux coques. On en badigeonne aussi les filets à saumons, ainsi que les quais et les autres constructions maritimes.

Des recherches ont démontré que le tributylétain est extrêmement nocif à la vie marine, poissons, homards, escargots, palourdes et moules compris. On en a trouvé des traces dans le saumon et les huîtres partout dans le monde. Comme la cuisson ne détruit pas les toxines, si nous les absorbons en mangeant des poissons et des fruits de mer contaminés, le poison s'accumule aussi dans notre organisme. Nous savons peu de chose sur les effets à long terme de la consommation de produits de la mer contaminés au tributylétain. Mais selon le National Water Research Institute, il s'agit sans doute pour la faune marine du plus toxique de tous les produits chimiques que nous ayons jamais délibérément introduits dans l'eau.

En camping

*Ne campez pas ailleurs que
sur un terrain prévu à cet effet.*

212

Un terrain de camping bouleverse la nature dans une région donnée. Optez pour un terrain déjà existant et n'allez pas au-delà. S'il est trop petit pour vous, de deux choses l'une: ou bien vous êtes trop nombreux, ou bien vous avez trop d'équipement. Les couvre-sol et diverses espèces végétales peuvent être écrasés et éventuellement détruits par l'expansion insouciante d'un terrain de camping.

Ne changez rien au terrain de camping.

Ne creusez pas, ne hachez pas, ne coupez pas de bois, n'empilez rien, ne sciez rien, n'entassez rien. Camper en douceur signifie camper comme des fugitifs qui ne veulent pas laisser de traces de leur passage. Le but est de ne rien déranger à l'environnement et de faire notre possible pour qu'il soit dans un meilleur état au moment de notre départ qu'au moment de notre arrivée. Chaque trace de pas a un impact sur la nature. Efforcez-vous de ne pas élargir ni prolonger les sentiers existants, et évitez de prendre des raccourcis.

Limitez le nombre de campeurs par terrain.

Plusieurs petits groupes sont préférables à un seul grand groupe. Plus il y a de personnes, plus elles sont indociles, plus le danger est grand de ne pas respecter des pratiques saines pour l'environnement. Six campeurs par site suffisent. Si vous êtes sept, vous causerez moins de dommage en vous séparant en deux petits groupes.

213

Ne cueillez rien, n'emportez rien;
ni arbres, ni plantes, ni fleurs, ni animaux.

Ayez une tente autonome. Ne coupez pas d'arbres pour en faire des pieux. On peut penser que la forêt supporte l'abattage, mais si chaque campeur s'approprie quelques arbres, les dommages causés seront considérables.

N'écorcez pas les arbres.

Enlever l'écorce des arbres est tentant, surtout la belle écorce blanche des bouleaux, mais cela peut leur être très néfaste. Il se peut que cela les tue; il se peut aussi que cela ne les tue pas. Mais si nous n'y touchons pas nous saurons que nous ne leur avons pas fait de mal. Enseignez aux enfants à respecter les arbres et à les protéger. Si quelqu'un veut écrire une lettre sur un morceau d'écorce, trouvez-en un qui soit déjà tombé de l'arbre.

Ne faites de feu qu'avec du bois mort.

214 Un poêle de camping est préférable à un feu, mais n'est pas toujours pratique, et certains types de feux sont meilleurs que d'autres pour l'environnement. Si vous faites du canot, ramassez le bois mort le long du rivage. Quoi qu'il en soit, préparez un petit feu: assez grand pour cuire votre repas, sans plus.

Au lieu de jeter vos mégots par terre, jetez-les dans une boîte de conserve vide que vous emporterez en partant.

Outre que jeter ses mégots par terre augmente les risques d'incendies de forêt, la nicotine qu'ils contiennent est toxique et constitue un poison pour la faune.

N'utilisez aucun produit ou article jetable.

Employez de la vaisselle réutilisable en plastique léger ou en métal au lieu de vaisselle et d'ustensiles jetables. Un seul couvert par personne suffit et votre vaisselle vous durera des années. Les assiettes et les verres en papier ou en mousse sont bons pour la poubelle après un seul usage. Si vous campez dans un site organisé qui met des poubelles à votre disposition, les déchets que vous y laissez deviennent la responsabilité de la municipalité quand vous partez. Le mieux est encore de ne pas avoir de déchets à jeter.

Remportez tout ce que vous ne pourrez brûler.

Les meilleurs campeurs laissent la nature plus propre à leur départ qu'ils ne l'ont trouvée à leur arrivée. Si vous apercevez des détritus en route, ramassez-les et emportez-les. Voilà une bonne leçon à apprendre aux enfants, pas seulement en camping, mais tous les jours.

S'il n'y a pas de lieu d'aisances, enterrez
les déchets humains dans un trou peu profond.

Si le terrain de camping a des toilettes, utilisez-les, plutôt que d'abandonner n'importe où des déchets humains. Dans la nature, creusez un petit trou profond de 15 cm, pas davantage, à quelque 50 m au moins d'un lac ou d'une rivière. Employez un papier de toilette blanc ou écru d'une seule épaisseur ou, si vous voulez vraiment camper en douceur, servez-vous de feuilles (informez-vous bien sur la flore afin de ne pas choisir une plante vénéneuse). Recouvrez les déchets de terre. La couche supérieure du sol est riche en bactéries et autres microorganismes qui décomposeront ces déchets rapidement. Les excréments étant parfaitement compostables, ils deviendront tôt ou tard de l'humus.

Tous les produits sanitaires à base de papier peuvent également être enterrés, mais il est préférable de les déchiqueter au préalable. N'enterrez aucun plastique, y compris des couches jetables. Les applicateurs de tampons en plastique et les doublures plastifiées des serviettes sanitaires devraient être inclus dans les ordures que vous remporterez.

216

Préférez le savon au détergent.

Pourquoi trimballer des détergents et des shampoings dans la nature? J'utilise un pain de savon à la glycérine pour le visage, les cheveux, la vaisselle et les sous-vêtements. Faites votre lessive dans un baquet et jetez l'eau à 50 m au moins du lac ou de la rivière.

À la chasse et à la pêche.

Le gibier d'eau, en avalant les plombs des lignes à pêche tombés dans l'eau et la chevrotine des cartouches, meurt cruellement, empoisonné par le plomb. Le plomb paralyse les voies digestives et l'oiseau meurt à la fin d'une lente agonie de 17 à 21 jours.

Plusieurs États américains ont édicté des lois exigeant l'emploi de chevrotine d'acier, tandis qu'en Angleterre les pêcheurs à la ligne emploient maintenant des poids en acier. Si vous vous rendez dans un pays où ils sont disponibles, faites-en cadeau à un ami qui s'adonne à la pêche.

La poétesse Christina Rossetti a écrit:
«Une journée à la campagne
Vaut un mois à la ville.»
N'avez-vous pas ressenti cela au moins une fois dans votre vie?

217

CHAPITRE 14

LES ANIMAUX DOMESTIQUES ET LA FAUNE D'UNE PLANÈTE VERTE

Quelle différence y a-t-il entre nous et les autres animaux de la planète? On apporte maintenant de nouvelles, de fascinantes réponses à cette question vieille comme le monde. Nous avions l'habitude de nous définir en fonction de notre intelligence, de notre mémoire, de notre perspicacité, de nos croyances religieuses.

Les critères selon lesquels nous nous comparons aux autres espèces animales ont changé. Aujourd'hui, nous prenons pour étalon notre impact sur l'environnement. Si nous abandonnions la faune à elle-même, elle ne serait pas capable, même au bout d'un million d'années d'évolution, d'inventer des atrocités telles que les pluies acides, la diminution de la couche d'ozone, le suremballage, l'effet de serre, les couches jetables, l'empoisonnement dû au monoxyde de carbone, la bombe nucléaire, les dépotoirs de déchets toxiques, le DDT ou l'essence au plomb. Nous, les êtres humains, avons réussi ce tour de force en moins d'un siècle.

Chaque année, les êtres humains sont responsables de l'extinction d'au-delà de 1000 espèces animales.

Pourtant, nous aimons les animaux. Nous en gardons dans nos maisons, nous les nourrissons et les soignons, et nous les traitons comme des membres de la famille. Nos animaux domestiques représentent plusieurs espèces. Nous adoptons des porcs, des

serpents, des araignées, des poissons, des chevaux, des gre-
nouilles et des rats presque autant que de simples chiens, chats
et oiseaux.

Nous n'hésitons pas à dépenser de l'argent pour nos
animaux domestiques. Pour certains d'entre nous, rien n'est
assez beau pour Fido ou Minou.

*Les Britanniques dépensent chaque année 3,7 milliards de
dollars pour leurs animaux domestiques.*

L'industrie des aliments pour animaux domestiques consomme
une énorme quantité de protéines, occupe d'immenses terrains, requiert des équipements, de l'énergie et de l'argent.
Tout cela pourrait être mieux utilisé ailleurs. Toutefois, rien
de cela ne convainc Caroline qui aime tant jouer avec la
chatte Goldwyn. Le lien qui unit les animaux et les êtres
humains est un des maillons de la chaîne qui relie tous les
êtres vivants. Nos animaux domestiques constituent un véritable lien, un lien tangible entre nous, la nature et l'équilibre
écologique. Si nous sommes capables d'aimer un chien, un
chat, une araignée ou un serpent, nous serons plus suscep-
tibles d'assumer nos responsabilités en tant qu'êtres humains
envers le reste du monde vivant. Nous ne commencerons à
nous comporter avec respect envers toute forme de vie sur
Terre que lorsque nous serons conscients de notre parenté
avec les animaux.

Que faire

Recherchez de la litière biodégradable pour votre chat.

220

Il y en a plusieurs sortes, dont une, au moins, est faite de papier journal recyclé. Contrôlez les odeurs en lui ajoutant du bicarbonate de soude. Évitez les doublures jetables; elles sont inutiles. Pour garder la boîte à litière fraîche, lavez-la régulièrement.

Calfeutrez la petite porte du chien et du chat.

Votre animal favori a-t-il sa propre porte pour entrer et sortir? Cette petite porte peut vous faire perdre une grande quantité de chaleur et gaspiller beaucoup d'énergie. Installer une porte double est une solution. Percez une ouverture dans la porte extérieure et une autre dans la porte intérieure. Décalez-les pour que le courant de l'air soit dévié. Rassurez-vous: votre animal saura très vite comment se servir de ces portes doubles pour entrer ou sortir.

Posez un coupe-froid tout autour de ces petites portes. Il contribuera grandement à vous faire économiser de l'énergie. Ou bien, suspendez devant chaque porte une petite courtepointe ou une couverture de poupée un peu plus grande que l'ouverture. Pour votre confort, gardez la chaleur à l'intérieur de la maison.

*Collez des décalques sur les carreaux
des fenêtres pour empêcher les oiseaux de s'y frapper.*

Des milliers d'oiseaux meurent chaque année en heurtant les carreaux des fenêtres. Non, ce n'est pas du suicide. Leur attention est captée par le reflet qu'ils voient dans la fenêtre plutôt que par la surface de verre. Regardez vos fenêtres du dehors pour y déceler des reflets. Si vous en voyez, les oiseaux en verront aussi. Fixez un décalque ou la silhouette d'un oiseau à l'extérieur de la fenêtre pour que les oiseaux puissent concentrer leur attention sur la surface même du carreau.

221

   Si vous trouvez un oiseau inconscient parce qu'il a heurté un carreau, déposez-le dans une boîte et tenez-le au chaud jusqu'à ce qu'il reprenne conscience. Ne lui donnez rien à manger. Si l'oiseau n'est pas rétabli au bout de quelques heures, confiez-le à un vétérinaire.

Installez un nichoir.

Construisez ou achetez des nichoirs, y compris des nichoirs pour hirondelles noires. De nos jours, les hirondelles noires dépendent presque uniquement des humains pour leur logement, et elles sont d'excellents chasseurs de moustiques et d'autres insectes. Consultez le chapitre 12 pour en savoir plus sur les nichoirs d'hirondelles noires et d'autres oiseaux. Les hirondelles noires sont d'excellents sujets pour apprendre les principes de l'ornithologie aux enfants; elles sont intéressantes à observer pendant toute l'année.

Contre les puces, optez pour
des traitement non toxiques.

Si votre animal préféré sort de la maison, tôt ou tard il rencontrera des puces. Évitez autant que possible les remèdes toxiques. Le marché offre des poudres, des aérosols et des mousses, mais toutes contiennent des ingrédients toxiques ou carrément empoisonnés.

222

Les fabricants en conviennent. Sur une étiquette de poudre
contre les puces et les tiques, on peut lire cet avertissement:
«Ne pas réutiliser ce contenant quand il sera vide. Ne pas
contaminer l'eau en jetant le reste du produit.»

Les spécialistes des déchets dangereux nous conseillent d'utiliser tout le produit, puis de rincer trois fois le contenant et de nous servir aussi de l'eau de rinçage pour éliminer les puces. Le contenant devrait ensuite être jeté au dépotoir. Ces conseils me laissent entendre que les poudres antipuces sont extrêmement toxiques et devraient être complètement évitées.

Les puces adultes se nourrissent exclusivement de sang d'oiseaux et de mammifères (nous sommes des mammifères). Ce sont d'habiles sauteuses et, en raison de leur corps coriace, elles sont difficiles à tuer quand on les attrape. Si vous en attrapez une entre vos doigts, écrasez-la en pressant très fort, de préférence avec un ongle, sans quoi elle sautera pour s'échapper dès que vous relâcherez votre emprise.

La meilleure façon de les éliminer consiste à détruire les larves, les œufs et les nymphes. Vous les trouverez là où votre animal dort ou dans les lieux qu'il fréquente le plus souvent. Passer l'aspirateur constitue une prévention efficace. Passez l'aspirateur religieusement, surtout sur les tapis et les meubles, et là où votre animal dort. Videz le sac d'aspirateur au centre du compost, là où la chaleur est la plus intense, après vous être assurés de l'avoir bien refermé. Videz souvent votre sac pour que les puces n'établissent pas leur domicile dans votre aspirateur. Si votre animal dort dans un panier, doublez-le de papier journal ou d'une serviette éponge que vous laverez souvent.

Si vous arrivez à en faire avaler à votre animal domestique, la levure de bière aide à éloigner les puces. Vous en trouverez aisément dans tous les magasins d'aliments naturels. Mélangez 2 ml de levure de bière à la pâtée de votre animal tous les jours. Certains chats en aiment le goût. Si votre chien ne s'y oppose pas, saupoudrez un peu de poudre d'ail dans sa pâtée. La compagnie Avon offre une huile de bain appelée «Skin So Soft» qui peut aider à repousser les puces, tant chez les animaux que chez les humains. Versez-en un peu dans l'eau de rinçage de votre animal préféré. Recherchez des colliers antipuces biologiques, ou faites-en un vous-mêmes avec de la ratine et une bande Velcro. Trempez-le 10 minutes dans de l'eau bouillante additionnée de romarin. Laissez sécher et placez autour du cou du chien ou du chat. Rincez votre animal avec cette eau une fois qu'elle sera refroidie. Gardez l'animal à l'intérieur de la maison pendant qu'il s'assèche. Ne l'asséchez pas avec une serviette.

L'eau salée est aussi un rince efficace contre les puces. Assurez-vous que votre animal n'a ni blessures ni égratignures et évitez d'en mettre sur ses yeux et sur ses organes génitaux. Des brossages réguliers constituent aussi une bonne méthode de prévention. Je brosse notre chatte à longs poils noirs dehors avant de la laisser entrer dans la maison.

La compagnie Echo-Logic offre des produits antipuces faibles en toxines: Safer's Flea Shampoo (Shampoing Safer contre les Puces) ou Safer's Flea and Tick Spray (Vaporisateur Safer contre les Puces et les Tiques). Le shampoing contient des sels de potasse provenant d'acides gras naturels. Le vaporisateur contient du pyréthrum, un insecticide botanique tiré de la fleur de pyréthrum, une variété de chrysanthème. Il est peu toxique, mais efficace contre les puces et les tiques. La première fois que Barry a donné un shampoing contre les puces à Goldwyn, il a hurlé (Goldwyn, pas Barry). Mais son poil est devenu brillant et vaporeux. Il nous a pardonné très vite.

***Jetez le caca dans les toilettes,
pas dans la poubelle.***

224

Si possible, jetez les excréments des animaux dans les toilettes ou compostez-le, y compris ceux dont vous nettoyez la litière du chat. Je sais que c'est plus simple de jeter le sac qui sert à ramasser les besoins du chien dans une poubelle publique quand vous le promenez au parc, mais les déchets de ces poubelles vont remplir les dépotoirs.

Compostez les excréments de vos animaux.

Les fèces de chiens et de chats sont compostables, mais n'utilisez ce compost que sur vos fleurs ou votre pelouse, pas sur vos légumes. Même chose pour la litière du chat. Les excréments de cochon d'Inde, de hamster, de lapin et d'oiseau sont tous compostables. Peut-être vous procurez-vous déjà du fumier de porc, de mouton ou de vache pour engraisser votre gazon. Si vous avez un gros chien, vous pourriez en récolter un bon tas de fumier. Couvrez chaque couche d'excréments avec de la terre pour enrayer les mauvaises odeurs et pour hâter la décomposition. Consultez le chapitre 11 pour en savoir plus sur l'art du compostage.

Compostez les poils, la fourrure ou les plumes de vos animaux domestiques.

Votre collie perd son poil, votre perruche ses plumes et votre lapin sa fourrure? Qui aurait cru que toutes ces choses sont compostables? Même si vous les ramassez d'abord avec l'aspirateur. Même les boules de poil que votre chat vomit sont compostables. Je vous entends d'ici dire «Ouash... Caca!» Mais il vous faut bien les ramasser et les jeter quelque part, non? Je n'ai jamais eu l'occasion de composter une dépouille de serpent qui mue, mais il n'y a aucune raison de ne pas le faire. Tout ce qui se compose de cellules humaines est organique et donc, compostable.

225

Choisissez des animaux domestiques qui soient domestiques.

N'achetez pas d'animaux exotiques. En dépit des lois et règlements, on importe quand même illégalement des espèces exotiques et tropicales. Ces animaux, ces oiseaux, ces poissons réussissent à survivre quelques mois ou quelques années, puis ils meurent faute d'une alimentation adéquate, faute de soins appropriés et en raison du climat. Il arrive qu'il ne puissent pas se reproduire et qu'ils se raréfient; la survie même de l'espèce est alors mise en danger et il se pourrait même que l'espèce s'éteigne. On estime que pour chaque oiseau tropical entré en fraude au pays 10 meurent des suites de manipulations et des tentatives faites pour les cacher. Comme ces oiseaux ne subissent pas de quarantaine à leur entrée au pays, il peuvent aussi transmettre des maladies très contagieuses aux oiseaux et aux animaux domestiques.

Si vous désirez acheter un animal inhabituel, surtout un reptile ou un oiseau, assurez-vous qu'il a été élevé en captivité et non pas capturé dans la nature. Aussi, n'offrez pas d'animaux en cadeau sans savoir si le cadeau sera bienvenu. Un animal est une responsabilité à vie.

226

Protégez la population mondiale d'éléphants
en boycottant l'achat et la vente de l'ivoire.

Chaque année, de 60 000 à 100 000 éléphants sont tués pour répondre aux attentes insatiables des amateurs d'ivoire. N'achetez pas d'ivoire ni de produits qui en contiennent. Bien qu'il existe un petit marché légal de l'ivoire, l'essentiel du marché est frauduleux. Surtout, il est difficile, voire impossible, de différencier les deux marchés. On sculpte l'ivoire pour masquer son origine, et l'ivoire illégal est mêlé à l'ivoire légal. On tue les éléphants pour leur ivoire jusqu'à mettre leur espèce en danger d'extinction.

En Afrique, on tue jusqu'à 2000 éléphants par semaine. En 1979, le monde comptait une population de 1 500 000 éléphants. Il en reste moins de la moitié. En outre, très peu d'éléphants atteignent l'âge adulte. Autrefois, une défense pesait de 45 à 70 kg. Aujourd'hui, la plupart pèsent moins de 5 kg car, les éléphants adultes se faisant de plus en plus rares, les braconniers tuent des éléphants de plus en plus jeunes.

Soyez particulièrement vigilants si vous voyagez en Extrême-Orient où l'ivoire abonde. Tant Hong-Kong que la Chine, qui sont de grands consommateurs d'ivoire, ont annoncé qu'ils ne tiendraient pas compte de l'interdiction internationale sur la vente de l'ivoire. Hong-Kong possède une réserve de 700 tonnes d'ivoire. Outre les bijoux, les statuettes et les sculptures ornementales, l'ivoire sert à fabriquer des billes de billard et des touches de piano, et il apparaît en incrustations dans des objets en bois. Deux des principaux facteurs de pianos du Japon, Yamaha et Kawai, se sont engagés à cesser toute importation d'ivoire pour la fabrication des claviers. Consultez votre marchand de piano avant d'en acheter un. On fabrique maintenant des touches en plastique qui imitent parfaitement l'ivoire. Malgré ma préférence pour les matériaux naturels, dans ce cas précis j'opterais pour le plastique.

227

Boycottez le commerce de produits
en provenance de la nature sauvage.

Évitez d'acheter des produits en écaille de tortue, en peau de bêtes sauvages, en fourrure, en corail ou en coquillages. Examinez les sculptures et les bijoux. Même le commerce des pierres aquatiques anodines en apparence peut être un problème pour l'environnement. On détruit des récifs de corail pour fabriquer des souvenirs. Pourtant, ils abritent de nombreuses espèces aquatiques.

Optez pour des ballons ordinaires plutôt que pour des ballons
gonflés à l'hélium lors de votre prochaine fête.

Nous nous sommes tous demandé où vont ces ballons à l'hélium quand ils disparaissent dans le ciel. Jusqu'où vont-ils? Jusqu'à quelle hauteur montent-ils? Malheureusement, plusieurs de ces ballons finissent leur voyage dans la mer ou sur ses rives. Chaque année, des milliers d'animaux, d'oiseaux et de poissons meurent de les avoir mangés. Les baleines, les dauphins, les tortues et les oiseaux aquatiques mangent ces ballons dégonflés, ou des morceaux de ces ballons, croyant qu'il s'agit de nourriture. Les tortues marines confondent les ballons avec des méduses. Le latex obstrue leur système digestif et empêche l'absorption de toute autre nourriture. Oiseaux et animaux meurent ensuite d'une mort lente.

228

N'achetez que des cannettes individuelles ou des paquets cartonnés de boissons gazeuses.

N'achetez pas de cannettes reliées entre elles par des anneaux en plastique. Ces anneaux sont directement responsables de la mort de nombreux oiseaux et animaux. Les oiseaux, en particulier, se prennent la tête dans les anneaux qui les étranglent. D'autres animaux meurent de faim quand leur bec ou leur museau reste prisonnier de l'anneau.

Selon la Société mondiale pour la protection des animaux, nous jetons chaque année 45 millions de kilos de plastique dans les océans de la planète.

Nous avons beau être attentifs au sort que nous réservons à nos ordures, nous ne contrôlons pas leur destinée une fois que le camion les a ramassées ou que nous avons jeté quelque chose dans une poubelle publique. Si nous continuons d'acheter des cannettes réunies par des anneaux de plastique, les manufacturiers continueront d'en fabriquer. Les autres consommateurs qui se les procureront ne seront pas tous aussi prudents que nous. Si vous participez à une réunion d'amis où vous apercevez de ces anneaux de plastique, coupez-les en morceaux avant de les jeter.

229

Exigez du thon «sans danger pour les dauphins».

Soyez vigilants quand vous vous procurez du thon en boîte. Vous pourriez mettre la survie des dauphins en danger. Selon Greenpeace, le thon blanc cohabite avec le dauphin dans le sud-est du Pacifique. Les flottilles de thoniers jettent de grands filets flottants — ils mesurent plus d'un kilomètre de long — près des dauphins, pour capturer le thon. Quelque 100 000 dauphins meurent chaque année en se prenant dans ces filets. On nous conseillait naguère de n'acheter que les variétés de thon appelées albacore ou tongol car il y avait moins de risques qu'elles soient pêchées dans les habitats de dauphins, mais maintenant, même ces variétés sont suspectes. Le gouvernement américain a rédigé un projet de loi qui obligerait les producteurs de thon à étiqueter leurs produits comme suit: «Dolphin Safe», soit, «Sans danger pour les dauphins». Soutenez ce projet de loi en écrivant à Barbara Boxer, U.S. House of Representatives, Washington, DC, 20515.

Mangez maigre, un jour par mois.

De nombreux Nord-Américains consomment moins de viande qu'auparavant, en partie pour des raisons de santé, en partie parce qu'ils savent que la consommation de viande diminue nos ressources naturelles. Dans son livre exceptionnel intitulé *Diet For a Small Planet* (Ballantine Books), Frances Moore Lappé démontre quel gaspillage éhonté représente la quantité de protéines dont nous nourrissons le bétail en comparaison de ce que le bétail nous donne en retour. Nous pourrions sans peine assurer les besoins en protéines de toute la population de la planète si nous cessions d'en nourrir le bétail.

230

Le bétail consomme plus de 15 kilos de céréales pour chaque kilo de viande de bœuf qu'il nous fournit.

La demande en viande de bœuf exige aussi que l'on abatte de grandes zones de forêt tropicale pour pourvoir le bétail en pâturages. La terre se détériore rapidement, le sol s'érode et devient stérile. Pour compenser, on coupe d'autres arbres. Les fermiers des pays tropicaux ont abandonné leurs cultures pour se consacrer au soja, en vue de l'exporter sous forme de nourriture pour le bétail. Certaines chaînes de bouffe-minute obtiennent leur bœuf de pays tel le Costa Rica. Demandez à votre comptoir préféré de bouffe-minute d'où provient son bœuf.

En digérant, le bétail expulse du méthane, un gaz qui contribue à l'effet de serre. La population mondiale de bétail ainsi que les grandes rizières dégagent à elles seules près de la moitié du méthane qui s'échappe dans l'atmosphère. Plus il y aura de bétail, plus la planète se réchauffera vite.

Enfin, entretenir les pâturages pour le bétail requiert d'énormes quantités d'eau d'irrigation. L'eau utilisée par la Californie pour transformer le désert en pâturages pour le bétail ovin et bovin suffirait aux besoins de 22 millions de personnes.

Si nous réduisons notre consommation de viande, nous accroîtrons la quantité de protéines disponible dans le monde, nous aurons plus d'eau pour subvenir à des besoins réels, et nous préserverons nos forêts tropicales, si essentielles à la santé et à la survie de la planète.

Les liens que nous nouons avec les animaux marquent le début des liens que nous nouons avec tout ce qui vit. La survie de notre planète dépend de la variété des espèces qui y élisent domicile.

CHAPITRE 15

UN CADEAU VERT

Pour nombre de personnes, les habitudes l'emportent sur les bonnes résolutions. «Nous avons toujours fait ça comme ça» est l'excuse rêvée pour ne rien changer à nos habitudes, même s'il y a des façons de faire moins dommageables pour l'environnement. Même des personnes pleines de bonne volonté ont du mal à renoncer au beau papier d'emballage ou aux chocolats enveloppés individuellement, parce qu'elles imaginent mal une fête sans eux.

D'autres se plieraient à des changements mais craignent de devoir imposer leur volonté aux autres membres de la famille. Ils continuent à faire comme ils ont toujours fait même si de nouvelles habitudes seraient bienvenues. Chez nous, personne n'est tellement friand de choux de Bruxelles. Mais ils font partie du menu de Noël depuis longtemps. Personne ne semble avoir le courage de dire: «Zut! si nous mangions des pois, cette année, pour faire changement?» L'exemple est anodin, j'en conviens. Mais il symbolise bien les obstacles que nous rencontrons quand nous voulons transformer des habitudes et des traditions.

Je crois qu'une bonne façon d'y arriver serait d'aborder chaque situation une à une, en obtenant le soutien de la famille et des amis. Bien vite, ils auront eux-mêmes des suggestions à proposer pour reverdir les festivités.

Que faire

Louez de la vaisselle, des serviettes de tables, des tasses, des soucoupes, des nappes et des verres plutôt que d'utiliser des couverts jetables.

Vous prévoyez une grande fête au bureau ou à la maison? La plupart d'entre nous n'ont pas sous la main 50 ou 100 assiettes, verres à pied, serviettes de table, tasses et soucoupes. Beaucoup de gens se procurent des couverts jetables: assiettes en papier ou en mousse, verres en plastique, serviettes en papier. Personne n'aime manger avec de tels couverts, mais ils sont très utiles. Pourtant, il existe des entreprises qui louent des fournitures pour vos réceptions. Au reste, qui voudrait boire du champagne dans un verre en plastique? Le meilleur de l'affaire est que vous n'êtes même pas obligés de laver la vaisselle. Vous remettez les assiettes et les verres sales dans les boîtes. Les verres à vin et les assiettes se louent de 0,25 $ à 0,35 $ chacun, les serviettes de table de 0,35 $ à 1,20 $.

233

Une solution de rechange serait de demander à des amis de vous prêter des verres et des assiettes. Il arrive souvent que le clou de la soirée ait lieu après, dans la cuisine, pendant qu'on lave la vaisselle.

Mettez votre imagination à contribution pour emballer des cadeaux. Créez de beaux emballages avec toutes sortes de restes.

Au prix qu'il coûte, pas la peine d'acheter du papier d'emballage, surtout que les enfants le déchireront en moins de deux. Vous avez tout ce qu'il vous faut à la maison.

Voici quelques idées: d'abord, la section illustrée du journal du samedi. Les enfants adorent ça. Chez nous, à l'époque de l'année où il y a beaucoup d'anniversaires, nous gardons les sections illustrées des journaux de fin de semaine. Conservez aussi quelques retailles de papier peint. Le papier peint est très solide et peut servir plusieurs fois. Les boîtes d'œufs sont aussi très jolies, entourées d'un ruban. J'ai déjà donné à ma sœur Frances une demi-douzaine de paires de chaussettes dans une boîte d'œufs: une chaussette par alvéole. D'autres idées? Des sacs en tissu que vous cousez vous-mêmes et que vous réutilisez au prochain anniversaire. Des affiches colorées. Des retailles de tissu. Ou bien, optez pour le cadeau dans le cadeau: un chapeau dans un beau foulard; un bijou dans une jolie boîte en bois; un nid d'ange dans une couverture; des biscuits maison dans une jolie jarre. Pas besoin de papier, il suffit d'y nouer un ruban.

N'oubliez pas de réutiliser le papier que vous recevez. Mettez quelques secondes de plus à développer vos cadeaux pour ne pas le déchirer. Vous n'avez plus qu'à couper les bords abîmés et à le plier proprement pour qu'il puisse servir encore. Chez nous, tout le monde s'amuse à demander: «Est-ce que je n'ai pas déjà vu ce papier quelque part?»

234

Conservez aussi les rubans et les choux; ils survivront à une bonne douzaine de cadeaux. Chaque fois que nous déballons des cadeaux, nous rangeons les rubans dans un sac, de sorte que nous en avons toujours un vaste choix à portée de la main.

Optez pour un sac à bouteilles en tissu ou en laine.

Vous offrez un bon vin? Pas besoin d'un sac en papier coloré quand une faveur suffit. Mais si vous voulez absolument un emballage complet, optez pour un sac réutilisable. Qui sait, il vous sera peut-être rendu un jour. Les sacs tricotés sont formidables, puisqu'ils s'ajustent à toutes sortes de formes. Un certain sac en tissu fait le tour de ma famille et de mes amis depuis plusieurs années. Un ruban est même pris dans ses coutures: la faveur fait partie du sac.

Si vous possédez déjà un arbre de Noël artificiel, prenez-en soin.

Le dilemme de l'arbre de Noël. Pour un environnementaliste, cette question est décourageante. Certains d'entre eux conseillent les arbres artificiels. Il faut dire que les vrais arbres sont parfois interdits dans les appartements, car ils constituent un risque d'incendie. Mais les arbres artificiels sont faits de plastique et de métal et, comme tout autre produit manufacturé, ils finissent aux ordures. Ils ne sont pas recyclables. Il convient donc de les utiliser le plus longtemps possible. Quand vous en avez terminé, donnez le vôtre aux enfants qui s'installent en appartement, offrez-le à un quelconque organisme, ou faites des couronnes avec les branches.

235

Je n'ai rien contre l'arbre naturel, mais beaucoup de gens rejettent ce choix. Les sapins de Noël sont cultivés sur des terres trop pauvres pour servir à l'agriculture. Chaque arbre qui pousse augmente notre réserve d'oxygène et absorbe de l'anhydrique carbonique sa vie durant. Un producteur d'arbres de Noël m'a confié que pour chaque sapin abattu, 10 sont plantés. Cela me semble tout à fait écologique. Après Noël, les sapins devraient être taillés en copeaux ou compostés. N'abattez pas de sapins dans la nature. Si vous voulez un arbre naturel, achetez-le chez un pépiniériste.

Optez pour un arbre en pot.

L'arbre en pot résoudrait encore mieux le dilemme du sapin de Noël. De nombreux pépiniéristes offrent des conifères en pot précisément pour cet usage, mais les arbres ne sont pas toujours garantis. Les prix varient de 30 $ à 100 $, selon la taille et l'essence. Ne gardez pas votre arbre à l'intérieur pendant plus de deux semaines, afin de ne pas interrompre son hibernation. Sortez-le après Noël et placez-le à l'abri dans un endroit ensoleillé jusqu'à ce que vous puissiez le planter au printemps. Isolez bien la base et plantez votre arbre dès que le sol sera dégelé. Votre pépiniériste vous renseignera sur les soins à donner à votre arbre. Si les dimensions de votre terrain ne vous permettent pas de planter un arbre chaque année, donnez-le à un hôpital, une école, un parc ou un site industriel où les arbres font défaut.

236
Un pépiniériste plein d'idées, David Smith, de Cornerbrook, à Terre-Neuve, a trouvé une solution fabuleuse: Rent-A-Pine, une entreprise de location d'arbres de Noël. Il loue à ses clients un sapin en pot. Ils l'emportent chez eux à Noël et le décorent. Puis, après les Fêtes, ils le lui rendent comme on rend n'importe quel article loué. David Smith s'en occupe pendant l'année qui suit et il loue l'arbre à nouveau le Noël suivant. Si personne de votre région n'offre un service similaire, parlez-en à votre pépiniériste.

Vous pourriez aussi songer à acheter un pin de Norfolk. Il pousse en pot et vit toute l'année à l'intérieur. Vous n'aurez plus qu'à le décorer à Noël.

Offrez un cadeau écologique.

Avez-vous une liste de cadeaux que vous aimeriez recevoir? Offrez-vous des cadeaux à vos parents et amis? Songez à offrir des cadeaux écologiques, des cadeaux qui contribueront à améliorer non seulement la vie de la personne qui le recevra, mais aussi la vie de la planète tout entière. Y a-t-il une plus belle façon de dire: «Je t'aime», «Prompt rétablissement», «Bon anniversaire», «Tous mes vœux de succès», «Bon voyage» ou «Bienvenue dans ta nouvelle maison»?

Au lieu du gadget dernier cri en plastique, offrez un cadeau dont la planète pourra profiter, qui amènera vos amis à «penser écologiquement» et qui sera quand même utile et agréable.

• **À la personne qui dort seule:** une bouillotte ou un pyjama douillet — pour baisser le thermostat la nuit et conserver l'énergie. Une bouillotte coûte moins de 15 $ à la pharmacie.

• **Au propriétaire ou à la propriétaire habile de ses mains:** une minuterie de thermostat. Le thermostat sera baissé automatiquement le soir et remonté automatiquement le matin. Une minuterie coûte environ 50 $ chez le quincaillier et s'installe facilement.

237

• **À l'athlète:** une pomme de douche à débit réduit. Ces pommes de douche font économiser de 50 p. 100 à 75 p. 100 d'eau mais n'affectent pas la pression. Elles contribuent aussi à réduire la facture d'eau chaude. L'eau chaude est la plus grande dépense en énergie domestique après le chauffage. N'importe qui peut installer une pomme de douche à débit réduit. Il suffit de la visser. Prix: entre 20 $ et 70 $.

• **Au patron:** inscrivez-le dans un mouvement écologique — Pollution Probe Foundation, Greenpeace Canada ou Les Ami(e)s de la Terre. Consultez le chapitre 16 pour connaître d'autres organismes. La cotisation est de 20 $ ou 30 $; on consent des réductions aux étudiants. Vous voulez offrir quelque chose de moins spectaculaire? Pourquoi pas une calculatrice à énergie solaire? Elle coûtera 15 $ ou plus. Et votre patron n'aura plus jamais à acheter de piles.

• **Aux nouveaux mariés:** des contenants en plastique pour la cuisine. Il se pourrait bien qu'ils durent plus longtemps que leur mariage. Et ils n'auront plus jamais besoin d'acheter de la pellicule de plastique.

• **À tous ceux qui magasinent:** un filet ou un sac à provisions en tissu. La planète suffoque sous le plastique. En beaucoup d'endroits, y compris des supermarchés, on vend maintenant des sacs à provision en tissu pour 4 $ à 16 $. Vous pouvez aussi le confectionner vous-mêmes et en faire un autre pour vous, tandis que vous y êtes.

SAUVEZ VOTRE PLANÈTE!

• À l'heureux élu ou l'heureuse élue qui lave la voiture familiale: un pistolet avec valve de fermeture automatique pour le tuyau d'arrosage. Ils économiseront l'eau tandis qu'ils appliqueront le savon.

• Au menuisier: un plan de nichoir pour hirondelles noires. Ou bien, prenez-vous-y assez longtemps à l'avance et fabriquez le nichoir vous-mêmes. C'est un excellent cadeau pour les propriétaires de chalets. Les hirondelles noires mangent des milliers de moustiques. Ils n'auront plus jamais besoin de vaporiser des insecticides.

• À tonton Zéphirin et tantine Eulalie: un serpent rembourré — vous verrez s'ils arrivent à deviner à quoi il sert (mais ne les faites pas trop languir). Ce long tube en coton rempli de sable ou de tissu est un ingénieux coupe-froid pour le bas de la porte. Ils économiseront l'énergie et seront plus au chaud. On en trouve facilement aux foires d'artisanat et dans les boutiques de cadeaux pour 8 $ ou 12 $. Et ils sont simples à fabriquer.

• Aux collègues de travail: leur propre tasse en porcelaine ou en céramique. Bannissez à jamais les tasses en styromousse. Même si l'on annonce des tasses en plastique dites écologiques parce qu'elles ne contiennent pas de CFC, c'est toujours du plastique qui finira dans les dépotoirs. Et elles sont absolument inutiles.

• Aux diplômés de fraîche date: des parts dans un fonds d'investissement écologique. Ces fonds ont des critères moraux sévères. Ils n'investissent jamais dans des entreprises qui polluent l'environnement ou participent de quelque façon à la destruction de la planète. Votre courtier ou votre agent de placement vous renseignera sur les fonds disponibles au Canada. En voici quelques-uns: Crown Commitment Fund, Environmental Investment All-Canadian Fund, Environmental Investment International Fund, Ethical Growth Fund, Investors Summa Fund. Plusieurs de ces fonds existent aux États-Unis, notamment le Dreyfus Third Century Fund, le New Alternatives Fund et le Pax World Fund.

• À de nouveaux parents: un abonnement à un service de buanderie de couches. Ces services sont merveilleux. Ils effectuent la cueillette des couches souillées et la livraison des couches propres. Un bébé moyen utilisera jusqu'à 10 000

238

couches dans les premières années de sa vie. C'est un cadeau qui dure! Il vous coûtera 14 $ à 20 $ par semaine. Le seau à couches peut être ou n'être pas compris dans ce prix. Offrez quelques semaines de service en cadeau. Les parents seront ravis et continueront l'abonnement eux-mêmes.

• À papa, qui a déjà tout: achetez-lui un arpent de forêt vierge. Il ne vous en coûtera que 25 $ pour le sauver de la destruction. Téléphonez au Fonds mondial pour la nature Canada - (416) 923-8173. Vous pouvez régler par Visa, Mastercard, chèque ou mandat. On vous enverra un autocollant, une pochette d'information et un certificat à remplir où vous n'aurez qu'à inscrire le nom de l'heureux Gardien de l'Amazonie.

Les 25 $ représentent ce qu'il en coûte approximativement pour préserver un arpent de forêt vierge. Cet argent sert à éduquer la population locale sur les exploitations possibles de la forêt vierge tels le gemmage des arbres à caoutchouc ou la cueillette des fruits et des noix, et à l'étude de ses propriétés médicinales. Certaines sections sont clôturées et l'on paie des gardiens pour surveiller les zones vulnérables. Sans forêts vierges, notre planète ne pourra pas survivre. Papa se souviendra encore de ce cadeau bien longtemps après qu'il aura oublié les cravates qu'il aura reçues.

• Au passionné de mécanique: de l'huile à moteur repurifiée. Cherchez le symbole Ecologo: deux colombes entrelacées.

• À la jeune personne qui s'installe dans son premier appartement: des produits de nettoyage écologiques, c'est-à-dire des flocons de savon à lessive, du borax, des cristaux à lessive, du bicarbonate de soude, du vinaigre, et votre aide pour lui montrer comment se servir de tout cela.

• Au passionné de jardinage: un abonnement à une revue de jardinage biologique.

• Au cordon-bleu: une cocotte minute. Elle économise du temps, de l'énergie et des vitamines.

• À votre hôte ou votre hôtesse: des noix du Brésil ou des noix d'acajou. On les trouve facilement pendant le temps des Fêtes. Ce sont des produits de la forêt vierge qui requièrent une forêt vivante pour croître. La cueillette des noix tropicales est aussi un moyen de subsistance pour la population locale, et cela aussi peut assurer la survie à long terme de la forêt.

• **Au rat de bibliothèque:** un choix de livres sur la nature, l'environnement et l'écologie.

Cadeaux non écologiques à inscrire sur la liste noire

• **Les animaux exotiques:** ils comprennent plusieurs espèces d'oiseaux et de reptiles. Beaucoup entrent au pays en fraude en provenance de l'Amazonie et d'autres régions tropicales. Pour chaque animal qui survit à cette contrebande, 10 meurent. Les survivants peuvent transmettre des maladies contagieuses à nos animaux domestiques. Évitez aussi d'offrir un animal domestique en cadeau si vous n'êtes pas absolument certains qu'il sera bienvenu et aimé.

240

• **L'ivoire sous toutes ses formes:** bijoux, pianos aux touches d'ivoire, sculptures, objets ciselés. Depuis 10 ans, le braconnage pour l'ivoire a causé la mort de la moitié de tous les éléphants du globe. Cela n'en vaut pas la peine.

• **Les essences tropicales de bois:** les petites boîtes, les petits bols, les sculptures en tek, en acajou, en bois de santal, en palissandre ou en lianes. Sauvez nos forêts vierges. La plupart de ces arbres poussent isolément au milieu d'autres essences d'arbres qui sont abattus ou écrasés au bulldozer pour livrer accès aux bois précieux.

• **Les gadgets électriques:** avons-nous vraiment besoin d'un autre taille-crayons ou d'un autre ouvre-boîtes électrique? Si les appareils manuels que nous avons déjà font l'affaire, pourquoi consommer inutilement nos réserves d'électricité?

• **Les gadgets en plastique:** le plastique provient d'une ressource non renouvelable, le pétrole. Nous pourrions utiliser le pétrole à de bien meilleures fins comme source d'énergie plutôt que pour fabriquer des objets dont la nouveauté nous séduit pendant quelques minutes à peine.

• **Tout ce qui est jetable:** les appareils-photos jetables représentent un gaspillage honteux d'énergie et de ressources. Méfiez-vous aussi des jouets et des gadgets qui requièrent des piles pour fonctionner. N'achetez que des piles rechargeables, si nécessaire, et un appareil pour les recharger.

Pouvoir célébrer un heureux événement avec nos proches est un privilège et une joie. Pour moi, ces fêtes sont le lien qui relie les générations entre elles à travers les siècles. Assurons-nous que nos enfants, nos petits-enfants et nos arrière-petits-enfants auront une planète verte et accueillante où célébrer les événements heureux de leur vie.

241

CHAPITRE 16

FAITES PARLER VOTRE ARGENT

Il y a 15 ans, une poignée seulement d'organismes écologiques avaient vu le jour. Leur nombre a tellement augmenté depuis qu'il y en a même dont la seule fonction est de ne pas perdre les autres de vue.

Nous devons une fière chandelle à ces pionniers, car, sans eux, le mouvement pour la protection de l'environnement accuserait un sérieux retard. Nous avons fait un bon bout de chemin, mais il reste encore beaucoup de travail à faire pour réhabiliter la planète. Si précieuses que soient les actions individuelles, nous avons quand même besoin du pouvoir des groupes organisés. Le gouvernement et les grosses compagnies écoutent lorsqu'un groupe déclare: «Nous avons 50 000 ou 100 000 ou plus encore de défenseurs qui exigent que la situation change.»

La plupart des organismes écologiques ont été fondés et sont dirigés par des gens convaincus et pleins de bonne volonté. Ils travaillent souvent pour de maigres salaires, dans des bureaux modestes, et ils maintiennent leurs frais généraux au plus bas grâce à la collaboration enthousiaste de nombreux bénévoles. J'ai pénétré dans de nombreux bureaux de ce genre et vu des employés et des bénévoles dévoués qui répondaient au téléphone, écrivaient des lettres et satisfaisaient à toutes sortes de demandes. Les avantages sont rares, le luxe inexistant.

Chacun de ces organismes est différent et ne saurait convenir à tout le monde. Certains sont plus spectaculaires que d'autres, plus politiques, plus intransigeants. D'autres ont une approche plus conservatrice. La plupart distribuent à leurs membres un bulletin d'information ou une revue. Quelques-uns donnent des reçus d'impôt. Tous sont dignes d'attention.

Organismes internationaux

Friends of the Earth
530, 7th St. S.E.
Washington, D.C. 20009
(202) 543-4312

Les Ami (e)s de la Terre
445, Saint-François-Xavier
Montréal, Qué. H2Y 2T1
(514) 843-8585

Cet organisme dynamique organise des campagnes imterna- 243
tionales en collaboration avec 36 organismes parents à travers le
monde. Il se spécialise dans les produits toxiques, la protection
de la couche d'ozone, la conservation de l'énergie, les pesticides
et l'éducation du public. Ses membres fournissent des réponses
très bien documentées aux demandes d'information du public.
La cotisation comprend l'abonnement à un bulletin trimestriel.

Greenpeace
1432, U St. N.W.
Washington, D.C. 20009
(202) 462-1177

Greenpeace Foundation
2444, Notre-Dame ouest
Montréal, Qué. H3J 1N5
(514) 933-0021

Greenpeace milite dans 18 pays du monde pour l'instau-
ration de lois internationales visant à protéger et à réglementer
l'environnement. Militants de gauche, les membres de
Greenpeace sont perçus par certains comme les sauveurs de la
planète. Ils ont réussi à mettre fin aux expériences nucléaires
près d'Amchitka et au déversement de déchets radioactifs à
travers le monde. Ils n'hésitent pas à se mettre en contravention
des lois existantes et soignent leur visibilité dans les médias. Ils
militent pour l'interdiction de la chasse commerciale à la

baleine. La cotisation inclut un abonnement à *Greenpeace Magazine*, paraissant tous les deux mois.

Global Greenhouse Network
1130, 17th St. N.W.
Washington, D.C. 20036
(202) 466-2823

Ce réseau d'organismes d'intérêt public et de législateurs représente 35 pays. Alarmés par le réchauffement de la planète, ils espèrent éveiller la conscience du public et mettent de l'avant des projets visant à prévenir l'effet de serre. Ils effectuent le monitoring des changements qui affectent le climat de la Terre et distribuent de l'information.

244

Nature Conservancy
400 - 1815, Lynn Street
Arlington, Virginia 22209
(703) 841-8737

Société canadienne pour la conservation de la nature
2597, Monsabre
Montréal, Qué. H1N 2K7
(514) 256-2545

Cet organisme travaille en collaboration avec les petits propriétaires dans le but de créer à travers le monde des sanctuaires naturels. C'est un regroupement d'écologistes à but non lucratif, avec un intérêt particulier pour les marécages, les forêts et les prairies. Ils sont aussi actifs dans la lutte pour la préservation des forêts vierges.

Rainforest Action Network
Ste A., 301, Broadway
San Francisco, California 94133
(415) 398-4404

Le but premier de cet organisme est de sauver la forêt vierge de la destruction, pour le bien de toute la planète. En collaboration avec d'autres organismes, il planifie des boycotts et des manifestations publiques, et aussi des rencontres scientifiques dans le but d'éduquer le public et les médias.

Sierra Club
730, Polk Street
San Francisco, California 94109
(415) 776-2211

Sierra Club of Ontario
2316, Queen Street East
Toronto, Ont. M4E 1G8
(416) 698-8446

245

Sierra Club of Western Canada
314 - 620, View Street
Victoria, B.C. V8W 1J6
(604) 386-5255

Le Sierra Club fait des représentations pour la préservation des régions sauvages, la protection de la faune, la planification des parcs, la purification de l'air et de l'eau. Il concentre ses activités sur les questions forestières, les Grands-Lacs, l'Arctique, les déchets toxiques et les programmes d'éducation. Il forme ses membres en vue des campagnes sur l'environnement. Parfois perçu comme un mouvement radical, le Sierra Club se dit néanmoins politiquement modéré. Le club organise des excursions pour ses membres. La cotisation comprend l'abonnement au magazine Sierra paraissant huit fois par année, ainsi que des bulletins d'information, des remises sur les livres, des affiches, des calendriers, des produits de plein air et la possibilité de participer à des excursions.

Programme des Nations Unies pour l'environnement
Bureau pour l'Amérique du Nord
Suite DC2-803
New York, N.Y. 10017
(217) 963-8093

En 1972, les Nations Unies mirent ce programme sur pied afin de développer et d'assurer le suivi de programmes environnementaux à travers le monde, particulièrement dans les pays du Tiers-Monde. Les Nations Unies publient des brochures sur une variété de sujets, notamment le réchauffement de la planète, la désertification, la répartition de l'eau et l'écologie des océans. Un de leurs buts premiers est de fournir de l'eau potable à toute la population du globe.

World Watch Institute
1776, Massachusetts Avenue N.W.
Washington, D.C. 20036
(202) 452-1999

Il s'agit d'un groupe de réflexion qui étudie et rend compte des questions d'environnement et de leurs conséquences économiques et sociales. Son rapport annuel, intitulé *L'État du monde*, est consulté à travers le monde et son poids est considérable. Son magazine et ses communiqués spéciaux sont également très respectés. Il s'agit d'un organisme en apparence conservateur qui reçoit l'appui des chefs d'État influents, mais dont les recommandations sont souvent radicales.

Groupes nationaux des États-Unis et du Canada

Réseau canadien de l'environnement
B.P. 1289, Succursale B
Ottawa, Ont. K1P 5R3
(613) 563-2078

Ce réseau d'information regroupant plus de 1200 groupes écologiques à travers le Canada agit comme lien national entre huit réseaux régionaux. Il prépare actuellement un catalogue des mouvements environnementaux et vous expédieront une liste des organismes canadiens clés et leurs adresses pour la somme de 6 $.

Association canadienne du droit de l'environnement
a/s Kathy Cooper
401- 517, College Street
Toronto, Ont. M6G 4A2
(416) 960-2284

En appliquant les lois existantes, l'ACDE se fait l'apôtre de l'environnement et des nouvelles lois qui pourront le faire respecter. Il agit comme un centre de documentation et de personnes ressources et dispense des conseils juridiques gratuits à tous les citoyens et les organismes qui luttent pour la protection de l'environnement. Il met des conférenciers à la disposition du public et sa cotisation de 18 $ comprend l'abonnement à son bulletin mensuel d'information, *The Intervenor/L'intervenant.* 247

Canadian Coalition on Acid Rain
401- 112, St. Clair Ave West
Toronto, Ont. M4V 2Y3
(416) 968-2135

Ce mouvement très visible travaille en collaboration avec les entreprises, les organismes de conservation et de loisirs, afin de réduire les émissions d'oxyde de soufre et d'azote dans l'atmosphère, tant aux États-Unis qu'au Canada. Il a forcé les gouvernements et l'industrie à regarder le problème en face. Il dispense beaucoup d'information et fait d'excellentes représentations.

Fédération canadienne de la nature
453, Chemin Sussex
Ottawa, Ont. K1N 6Z4
(613) 238-6154

Cet organisme, qui portait autrefois le nom de Canadian Audubon Society, travaille à la conservation de l'environnement et des écosystèmes naturels. Il se concentre sur l'éducation, les parcs et les sanctuaires, la protection des espèces menacées, les développements et les intérêts forestiers raisonnables, et la gestion de la faune et des pêcheries. La Fédération représente

135 groupes répartis à travers le Canada et se déclare politiquement «légèrement à gauche du centre». La cotisation annuelle de
25 $ donne droit à quatre parutions par année du magazine
Nature Canada. Pour recevoir gratuitement son catalogue de
livres Nature Canada Bookshop (qui offre aussi des fournitures
de plein air), composez le 1-800-267-4088.

> *Canadian Organic Growers*
> **Adhésion:**
> B.P. 6408, Succursale J
> Ottawa, Ont K2A 3Y6

248

> **Information:**
> Mary Perlmutter
> 348, Briar Hill Avenue
> Toronto, Ont M4R 1J2
> (416) 485-3534

> Heritage Seed Program
> Heather Apple
> RR 3
> Uxbridge, Ont. L0C 1K0

Le COG distribue de l'information sur les techniques de
culture biologique et de fertilité du sol, aide à la mise en marché et à
la distibution de produits biologiques et compile des répertoires
régionaux des fermes biologiques. Écrivez-lui pour obtenir la liste
des ouvrages disponibles à sa bibliothèque. Pour 10 $, on vous
enverra l'annuaire intitulé *A Directory of Organic Agriculture in
Canada*. La cotisation annuelle de 16 $ (12 $ pour les étudiants et
les aînés) donne droit au bulletin d'information intitulé
COGnition. Quant au programme Heritage Seed, il vise à préserver
la variété génétique des aliments (on obtient des informations en
expédiant une enveloppe timbrée préadressée de format affaires).

> *Clean Water Action Project*
> 317, Pennsylvania Avenue S.E.
> Washington, D.C. 20003
> (202) 547-1196

FAITES PARLER VOTRE ARGENT

Cet organisme unifie les Américains ruraux et urbains dans un but commun: la purification de l'eau. Il fait des représentations dans toutes sortes de domaines reliés à l'eau, y compris les toxines et les polluants, de même que la répartition de l'eau potable. Cet organisme n'a pas peur de s'engager politiquement. Ses interventions électorales ont beaucoup d'impact sur les hommes politiques au niveau des États.

Defenders of Wildlife
1244, 19th St. N.W.
Washington, D.C. 20036
(202) 659-9510

Il s'agit d'un grand organisme national comptant plus de 80 000 membres. Ce mouvement concentre ses efforts sur la préservation des espèces animales et végétales existantes et sur la réhabilitation et la protection de la faune dans son habitat naturel. Il favorise l'éducation du public et l'appréciation de la faune et de la flore. La cotisation inclut le bulletin bimensuel, *Defenders*.

Earth First!
Box 5871
Tucson, Arizona 85703

Ce mouvement regroupe ces militants radicaux qui plantèrent des pointes de fer dans les arbres qu'ils voulaient sauver, dans l'espoir que le risque de dommage aux équipements et de blessures corporelles ferait reculer les équipes de tronçonnage. Les membres du groupe, que n'étouffe pas toujours le ridicule, se sont aussi déguisés en ours pour protester contre la destruction des forêts et des régions sauvages. C'est le groupe écologique qui se situe le plus loin à l'extrême-gauche. Il n'a pas échappé à la surveillance du FBI. Certains de ses membres ont été arrêtés pour activités illégales. Le groupe tente d'être plus visible que Greenpeace. La cotisation annuelle est de 20 $ et comprend huit livraisons du magazine *Earth First!*

Energy Probe (Enquête énergétique)
225, Brunswick Avenue
Toronto, Ont. M5S 2M6
(416) 978-7014

Il s'agit d'une source d'information absolument fiable sur tout ce qui touche les questions d'énergie, de conservation et de ressources renouvelables. Cet organisme est très respecté dans les milieux environnementaux et gouvernementaux. Son souci d'exactitude lui a valu un membership important. Il est toujours à la disposition des médias et dispose de conférenciers dont le but est de promouvoir la conservation.

Fédération des naturalistes de l'Ontario
355, Lesmill Road
Don Mills, Ont. M3B 2W8
(416) 444-8419

Il s'agit d'un des plus anciens organismes de défense de l'environnement (sa fondation remonte à 1931) et d'un des plus efficaces dans ses représentations auprès des différents paliers de gouvernement. La FNO est à l'origine de la création de Coalition on Niagara, de Conservation Authorities et de douzaines de nouveaux parcs. Cet organisme travaille à éveiller chez les gens la conscience de la nature et à protéger celle-ci, et il offre d'excellents programmes éducatifs à l'intention des enfants et des aînés. La cotisation annuelle de 28 $ donne droit au magazine trimestriel *Seasons/Saisons*, à la possibilité de participer à des excursions et à un catalogue d'articles de plein air.

Great Lakes United
a/s David Miller
1300, Elmwood Avenue, Cassety Hall
Buffalo, N.Y. 14222

Organisme conjoint canado-américain, Great Lakes United travaille à la protection et à la préservation des Grands-Lacs et du fleuve Saint-Laurent. Il s'agit d'un regroupement de plus de 200 mouvements incluant des groupes écologiques, des entreprises et des organismes gouvernementaux.

National Audubon Society
950, Third Avenue
New York, N.Y. 10022
(212) 832-3200

Cette association, très connue pour ses publications haut
de gamme *American Birds et Audubon,* regroupe plus d'un demi-
million de membres. Ses méthodes conservatrices lui valent
d'avoir perduré depuis 1905. Bien qu'elle porte le nom du
célèbre peintre d'oiseaux James Audubon, les intérêts de l'association englobent d'autres champs de conservation. Elle gère
quelque 250 000 acres de sanctuaires naturels.

251

National Wildlife Federation
1412, 16th St. N.W.
Washington, D.C. 20036
(202) 637-3700

Cette fédération, qui regroupe quelque 4,8 millions de
membres, est plus importante en nombre que tous les autres
organismes réunis. Elle a beaucoup de poids auprès du gouvernement de Washington. Les hommes politiques comptent sur elle
pour transmettre leur point de vue avec finesse et diplomatie.
Son but est la préservation de la vie sauvage et la conservation.
Si vous aimez les foules, ce groupe écologique pourra vous
convenir.

Natural Resources Defense Council
122, East 42nd St., 45th Floor
New York, N.Y. 10168
(212) 949-0049

Cet organisme, célèbre par son association avec l'actrice
Meryl Streep, a attiré l'attention du public lorsqu'il a dénoncé
l'usage répandu du produit chimique Alar dans la culture des
pommes. Le NRDC diffuse énormément d'information sur les
pesticides. Il se donne pour mandat de protéger l'environnement
en recourant à des actions en justice, par la recherche scientifique et par l'éducation du public.

Ontario Environmental Network
2nd Floor, 456, Spadina Avenue
Toronto, Ont. M5T 2G8
(416) 925-1322

Il s'agit d'un réseau à but non lucratif regroupant des organismes écologiques de l'Ontario. Il comprend la plupart des mouvements nationaux. Il publie une liste de plus de 300 organismes qui vous sera expédiée contre envoi de 6 $ plus 1 $ de frais de port et de manutention. L'ouvrage contient aussi une liste de documents écrits et audiovisuels.

252

Planet Drum Foundation
Box 31251
San Franciso, California 94131
(415) 285-6556

Planet Drum Foundation est un groupe d'éducation écologique à but non lucratif. Son fondateur, Peter Berg, fut le premier à développer la philosophie du biorégionalisme, une approche directe du sauvetage de la planète par la réhabilitation et la sauvegarde de sa propre région. Le mouvement englobe quelque 60 à 70 groupes à travers l'Amérique du Nord et publie un journal intitulé *Raise the Stakes*.

Pollution Probe Foundation
12, Madison Avenue
Toronto, Ont. M5R 2S1
(416) 926-1907

Pollution Probe Foundation s'intéresse particulièrement aux produits toxiques, à la qualité de l'eau, à la gestion des ordures industrielles et domestiques, et aux politiques étrangères en matière d'environnement. Politiquement située au centre, la fondation dispense de l'information au public, aux entreprises et aux gouvernements. La cotisation annuelle est de 30 $ dont 15 $ sont déductibles d'impôt. Elle vous donne droit au magazine *Probe Post*, à une remise de 10 p. 100 sur tout article de Ecology Store et à une remise de 10 p. 100 sur les publications de la fondation. Les cartes Visa et Mastercard sont acceptées. Environ 85 p. 100 des revenus servent directement au financement de projets.

Rocky Mountain Institute
1739, Snowmass Creek Rd.
Old Snowmass, Colorado 81654
(303) 927-3128

Centre à but non lucratif pour le développement de politiques en matière de ressources naturelles, le Rocky Mountain Institute est un groupe de réflexion préoccupé par une meilleure utilisation de l'énergie et la mise en valeur de sources d'énergie économiques et renouvelables telles que le soleil, le vent et l'eau courante. Les fondateurs, Hunter et Amory Lovins, sont responsables des premiers travaux sur l'effet boomerang des plans de développement économique dans les petites villes. Ils sont d'avis que la conservation de l'énergie est plus essentielle à la sécurité nationale que les dépenses militaires.

WEB
2nd Floor, 456, Spadina Avenue
Toronto, Ont. M5T 2G8
(416) 929-0634

WEB est un réseau électronique de services de communication et de cueillette d'information destiné spécialement aux organismes à but non lucratif actifs dans les régions d'intérêt écologique. WEB emploie le réseau du téléphone pour relier des terminaux personnels à son ordinateur central. Les individus ou les organismes peuvent ainsi communiquer entre eux. Des centaines de groupes font partie du réseau, y compris la plupart des grands organismes environnementaux, ainsi que de nombreux groupes locaux et internationaux. Les services comprennent la poste électronique, des conférences, et WebNews, une alternative aux actualités commerciales des médias. WEB est relié à des réseaux similaires à travers le monde entier.

La cotisation est de 25 $, l'abonnement annuel est de 180 $ par année par utilisateur. Des frais mensuels s'ajoutent pour

l'accès au système, pour les télécommunications et l'emmaga-
sinage de données. On consent des tarifs réduits aux organismes
à petit budget et aux individus.

> *Fonds mondial pour la nature Canada*
> Suite 201, 60, St. Clair Avenue East
> Toronto, Ont. M4T 1N5
> (416) 923-8173

Le but de cet organisme est d'établir un réseau de zones
protégées, de parcs, de sanctuaires écologiques et de réserves
sauvages à travers le Canada. Le Fonds s'intéresse à la conserva-
254 tion de la faune et de la flore et de leurs habitats, aux espèces
menacées et aux recherches en toxicologie.

Son programme visant la conservation de la forêt vierge
porte le nom de «Gardien de l'Amazonie». Un don de 25 $ aide
à préserver un arpent de forêt en Amazonie, à éduquer la population locale sur les façons acceptables d'exploiter la forêt, à
aider les Indiens Kayapo à délimiter leur territoire, à fournir
des clôtures et des gardiens qui patrouillent les régions vulnérables. Chaque donateur reçoit un certificat de «Gardien de
l'Amazonie», une pochette d'information et un autocollant. Le
fonds accepte les cartes Visa, Mastercard, les chèques et les
mandats.

Il n'y a aucune cotisation et tous les donateurs reçoivent le bulletin trimestriel d'information, *Working for Wildlife*.
Toutes les contributions servent au financement de projets de
conservation. Les frais d'administration sont couverts par les
revenus de travail de l'organisme, tandis que 8 p. 100 seulement du budget est réservé à l'administration et aux levées de
fonds. Les deux tiers des activités du Fonds se déroulent au
Canada.

Pour une liste plus complète et plus détaillée des organismes américains par région, vous pouvez obtenir le *Directory
of National Environmental Organizations* en adressant 35 $ à
U.S. Environmental Directories, Box 65156, St Paul, MN,
44165. Quant aux organismes québécois s'intéressant à l'environnement, on en trouve une liste complète dans le *Répertoire
environnemental* publié par les Publications du Québec.

Investissez dans l'environnement. Vous dépenserez peu d'argent et peu de temps mais vous récolterez beaucoup. Vous développerez votre optimisme et contribuerez à améliorer le sort de la planète.

255

CHAPITRE 17

UNE CORRESPONDANCE
ÉCOLOGIQUE

Ma sœur Frances, qui travaille pour le gouvernement, m'impressionne beaucoup, car elle répond toujours consciencieusement aux lettres des électeurs. Certains fonctionnaires ont beau expédier des lettres toutes faites, Frances m'assure que les hommes politiques, eux, répondent à toutes les lettres qu'ils reçoivent. Elle dit que chaque lettre est prise en considération. Une lettre d'un étudiant qui s'inquiétait de l'absence de politique écologique dans les universités a incité le ministère pour lequel elle travaille à en proposer une.

Nous avons tous des priorités différentes et une façon différente de nous exprimer sur ce qui nous tient à cœur. Si vous souhaitez écrire aux gens en place pour tenter d'influencer leurs décisions dans le domaine de l'environnement, voici quelques modèles de lettres pour vous inspirer.

Que faire

Écrivez au manufacturier.

Un produit ou un procédé de fabrication vous cause des soucis? Cherchez l'adresse du manufacturier sur l'étiquette ou demandez-la au magasin qui vous a vendu le produit. Voici une courte lettre que vous pourriez écrire.

Madame ou Monsieur,
La présente a pour but de vous exprimer l'inquiétude
que vos méthodes d'emballage suscitent en moi. Je
me procure votre produit depuis des années, mais je
constate que, depuis quelque temps, vous emballez
individuellement chacune de ses parties dans du
plastique. Non seulement ce supplément d'emballage
est gênant, mais il pollue l'environnement. Le monde
compte déjà assez de plastique, inutile d'en rajouter.
Le plastique n'est pas biodégradable. Il encombrera
nos dépotoirs à jamais. En outre, il représente un
gaspillage éhonté de nos ressources non renouve-
lables.
J'inclus l'excédent d'emballage pour votre gouverne.
À regret, je ne me procurerai plus ce produit tant
que vous ne renoncerez pas à cet emballage de plas-
tique, superflu et inutile. Dans l'attente d'une
réponse de votre part, je vous prie de croire à mes
sentiments les meilleurs.

257

**Écrivez à un représentant
de votre gouvernement local.**

Si votre inquiétude concerne un problème local, écrivez à un représentant de votre gouvernement local. Ce sont eux qui gèrent les dépotoirs et les incinérateurs, la qualité de l'eau et de l'air. Les administrations municipales sont les plus près des citoyens et sont sensibles aux désirs des électeurs. Que devriez-vous dire? Exprimez simplement votre inquiétude à propos de l'impact sur l'environnement que peut avoir telle ou telle circonstance.

Madame ou Monsieur,

Je vous écris afin de vous faire part de mon inquiétude relativement à la politique de la ville qui autorise les dépotoirs à recevoir des matériaux recyclables. Depuis une dizaine d'années, de nombreuses municipalités ont mis sur pied des programmes de recyclage du papier journal, des cannettes d'aluminium, du carton ondulé et des plastiques. Pourtant, notre municipalité à nous continue de laisser ces articles, qui constituent des ressources réutilisables, encombrer le dépotoir municipal et contribuer à l'enlaidissement et à la pollution de notre paysage.

258

Je vous encourage à prendre les mesures qui s'imposent pour la mise sur pied d'un programme de recyclage dans notre ville et, dans l'attente de votre réponse, je vous prie de croire à toute ma considération.

Écrivez à votre député fédéral.

Une question d'intérêt national vous préoccupe? Voici un modèle de lettre qui vous aidera:

Madame ou Monsieur,

Par la présente, je souhaite vous exprimer mon désarroi face à la décision du gouvernement d'ouvrir une mine d'uranium dans notre région. Nous avons déjà le plus haut niveau de contamination par des substances radioactives dans le monde. La mine projetée accroîtra encore ce problème. Nous n'avons toujours pas trouvé de solution viable pour l'entreposage des résidus radioactifs, dont la quantité

*augmentera si cette mine est ouverte. Il n'existe au-
cune protection adéquate pour l'environnement et la
santé des mineurs et des résidents de cette région. En
outre, la majeure partie de l'uranium qui en serait
extrait est destiné à l'exportation, et rien ne nous
assure qu'il ne servira pas à la fabrication d'ar-
mement nucléaire. Par conséquent, je vous exhorte à
tenir des audiences publiques avant d'aller de l'avant
dans ce dossier. Dans l'attente de votre réponse, je
vous prie de croire à toute ma considération.*

Voici un modèle de lettre à adresser à un ministre:

Madame ou Monsieur,
*Je désire vous faire part de mon inquiétude face aux
politiques de prêt de la Banque mondiale. Vous
n'ignorez pas que, par le passé, la Banque mondiale
a appuyé financièrement des opérations dans le
domaine énergétique, dans ceux du transport et de
l'agriculture, sans se soucier de leurs conséquences
sur l'environnement. Elle a eu beau s'engager à
prendre des mesures spécifiques pour protéger l'environnement, elle semble toujours ne pas tenir
compte de la conservation de l'énergie par le moyen
de sources alternatives d'énergie et persiste à encourager l'expansion de sources déjà existantes. Elle
semble aussi refuser la réhabilitation d'anciens
travaux d'irrigation sur une petite échelle pour se
concentrer sur des opérations nouvelles et de grande
envergure.*
*Si nous ne prenons pas conscience des problèmes
écologiques dans une optique mondiale, l'environnement de la planète continuera de se dégrader à
l'échelle du globe. Notre pays est en mesure d'influencer le cours des événements. Quelle sera votre
position dans cette affaire?*

Ce ne sont là que des modèles de lettres, mais vous pouvez
librement les copier ou les adapter à vos besoins. Vos lettres à un

sénateur des États-Unis doivent être adressées comme suit: The Senate, Washington, D.C., 20510. Tout membre du Congrès des États-Unis reçoit son courrier à l'adresse suivante: The House of Representatives, Washington, D.C., 20515. Vos lettres à un membre du gouvernement fédéral du Canada doivent être expédiées à: La Chambre des Communes, Colline du Parlement, Ottawa, Ont. K1A 0A6. Les résidents canadiens qui écrivent à la Chambre des Communes n'ont pas à mettre de timbre sur l'enveloppe. Les lettres destinées aux députés de l'Assemblée nationale du Québec doivent être adressées ainsi: Hôtel du Parlement, Québec, Qué., G1A 1A4.

260

Prenez deux minutes de votre temps aujourd'hui pour écrire une lettre en vue de défendre l'environnement. Si chacun de nous écrivait une seule lettre, nos gouvernements, nos gens d'affaires et nos industries seraient inondés de demandes... et ils agiraient.

CHAPITRE 18

DES RÉSOLUTIONS ÉCOLOGIQUES

N'attendez pas au Nouvel An pour prendre vos résolutions écologiques. Le printemps est une excellente période de l'année pour cela: la vie renaît. Le solstice d'été est aussi une occasion symbolique propice pour prendre des engagements envers l'environnement. L'automne est une sorte de Nouvel An à sa manière, une époque de recommencement marquée par la rentrée des classes. Nous sommes au seuil d'une nouvelle décennie, à l'orée d'un autre millénaire. N'est-ce pas l'occasion rêvée pour promettre de prendre soin de la planète? En fait, toutes les occasions sont bonnes pour prendre de bonnes résolutions envers soi et envers la Terre. En voici quelques-unes.

Résolutions de printemps

- Installer une pomme de douche à débit réduit.
- Renoncer aux essuie-tout en papier pendant un mois.
- Vous rendre au travail à bicyclette cinq fois.
- Fermer le robinet en vous brossant les dents.
- Devenir membre d'un organisme écologique.
- Planter un arbre.
- Transformer un coin de pelouse en jardin de fleurs sauvages ou y planter quelque chose de vert qui requiert moins d'entretien que le gazon.

Résolutions d'été

- Renoncer pendant un mois aux pesticides chimiques et faire l'essai du jardinage biologique.
- Commencer à faire du compost ou du vermicompost.

- Pendant les beaux jours, ne pas vous servir de la voiture en deçà de cinq pâtés de maisons.
- Utiliser de l'huile repurifiée dans la voiture et vous assurer que votre huile usée sera recyclée.
- Apporter vos propres sacs ou vos propres boîtes au supermarché.
- Manger végétarien une fois la semaine.
- Vous laver les mains à l'eau froide pendant un mois.

Résolutions d'automne

262

- Acheter une boîte de savon à lessive au lieu de détergent.
- Utiliser les restes de fournitures scolaires de l'année précédente avant d'en acheter d'autres.
- Photocopier les documents de plus d'une page recto verso.
- Apporter votre propre tasse au bureau pour ne pas utiliser de verre jetable.
- Envelopper un cadeau avec la section illustrée des journaux au lieu d'acheter du papier d'emballage.
- Acheter un chargeur de piles et des piles rechargeables pour les jouets reçus à Noël.
- Offrir des cadeaux écologiques aux parents et aux amis.

Résolutions du Nouvel An

- Placer un régulateur de débit dans le réservoir des toilettes de la maison ou de l'appartement.
- Acheter et utiliser au moins une ampoule fluorescente au lieu d'une ampoule à incandescence.
- Faire recycler l'antigel de la voiture.
- Baisser le thermostat de quelques degrés pendant la nuit.
- Écrire à une personne haut placée une lettre de protestation contre le tort fait à l'environnement ou une lettre de suggestions pour améliorer la situation.
- Transmettre un conseil écologique à au moins deux amis ou amies cette année.

La plupart de ces résolutions vous occuperont moins de deux minutes. Certaines vous demanderont un peu plus de temps. Aucune ne vous épuisera. Personne ne vous demande de transformer radicalement votre façon de vivre. Essayez seulement une ou deux suggestions pour commencer. Chaque chose que vous ferez aura une conséquence pour la planète.

Mettez en pratique les conseils contenus dans ce livre et rappelez-vous que nous sommes tous dans le même bateau. Deux minutes par jour suffisent pour sauver le monde. Je suis prête à parier que vous y prendrez goût et que vous développerez très vite des réflexes écologiques. Tout ce que vous ferez pour une Planète Verte deviendra une habitude. Vous serez à l'affût de ce qui pourrait lui nuire, et vous l'éviterez.

263

Pour chaque problème il existe une solution. Si petite que soit votre participation, elle aura un impact. Si vous suivez un seul des conseils de ce livre, vous avez raison d'être contents de vous. Vous agissez pour le bien de la planète et de l'humanité — et pour votre propre bien-être.

INDEX

264

265

266

267

269

271

TABLE DES MATIÈRES

Achevé   Imprimerie
d'imprimer Gagné Ltée
au Canada Louiseville